41 Zendleser Kofel 2422 m
42 Pisciadùspitze 2985 m
43 Peitlerkofel 2874 m
44 Tatschspitze 2526 m
45 Telfer Weißen 2588 m
46 Hohe Kreuzspitze 2743 m
47 Wolfendorn 2776 m
48 Wildseespitze 2733 m
49 Rotbachlspitze 2895 m
50 Astjoch 2196 m
51 Fallmetzer 2568 m
52 Eidechsspitze 2738 m
53 Kempspitze 2704 m
54 Putzenhöhe 2438 m
55 Plattner Spitze 2435 m
56 Sambock 2396
57 Maurerberg 2332 m
58 Kreuzspitze 2021 m
59 Pares 2396 m
60 Col Bechei 2794 m
61 Heiligkreuzkofel 2907 m
62 Sassongher 2665 m
63 Setsas 2571 m
64 Muntejela de Senes 2787 m
65 Napfspitze 2888 m
66 Wolfeskofel 2050 m
67 Rauchkofel 2653 m
68 Kreuzkofel 2420 m
69 Rammelstein 2483 m
70 Piz da Peres 2507 m
71 Amperspitze 2687 m
72 Rote Wand 2818 m
73 Rudlhorn 2448 m
74 Hochkreuzspitze 2739 m
75 Seekofel 2810 m
76 Dürrenstein 2839 m
77 Sarlkofel 2378 m
78 Toblacher Pfannhorn 2663 m
79 Oberbachernspitze 2677 m
80 Hollbrucker Spitze 2573 m

Die schönsten 2000er in Südtirol

80 schöne Touren

Hanspaul Menara

Die schönsten 2000er in Südtirol

80 schöne Touren

VERLAGSANSTALT ATHESIA | BOZEN

BENUTZERHINWEIS
Alle Angaben in diesem Wanderführer wurden vom Autor sorgfältig recherchiert. Sollten Sie bei Ihren Wanderungen dennoch Unstimmigkeiten bemerken, nimmt der Verlag Ihre Hinweise gerne entgegen (buchverlag@athesia.it). Die Benutzung dieses Wanderführers erfolgt auf eigenes Risiko. Eine Haftung für etwaige Unfälle und Schäden wird weder vom Autor noch vom Verlag übernommen.

BIBLIOGRAFISCHE INFORMATION DER DEUTSCHEN NATIONALBIBLIOTHEK
Die Deutsche Nationalbibliothek verzeichnet diese Publikation in der Deutschen Nationalbibliografie; detaillierte bibliografische Daten sind im Internet abrufbar: http://dnb.d-nb.de

UMSCHLAGBILD
Peilstein / Ulten

BILD SEITE 2
Der Wolfendorn, typisch für viele Südtiroler 2000er: formschön, aussichtsreich und unschwierig ersteigbar

BILD SEITE 6
Der Piz da Peres

BILD SEITE 8
Das Gipfelkreuz auf dem Aldeiner Weißhorn; im Hintergrund die Ötztaler Alpen

BILD SEITE 11
Blick vom Dürrenstein zu den Drei Zinnen

2012

Umschlagfoto: Edith Runer
Fotos: Hanspaul Menara
Wegkarten: © by Kompass-Karten GmbH
Karl-Kapferer-Straße 5, A-6020 Innsbruck
Lizenznummer: 03-0412-LVB
Übersichtskarte: Heinz Matthias, Neumarkt
Design & Layout: Athesia Verlag
Druck: Athesia Druck, Bozen

ISBN 978-88-8266-830-3

www.athesiabuch.it
buchverlag@athesia.it

Inhaltsverzeichnis

Zu diesem Buch 9

Ein neuer Tag bricht an …

1 Auf die Seebodenspitze 2859 m 14
2 Auf den Watles 2555 m 16
3 Auf den Tellakopf 2525 m 18
4 Auf das Glurnser Köpfl 2402 m 20
5 Von St. Valentin auf das Großhorn 2636 m 22
6 Von St. Martin auf die Vermoispitze 2929 m 24
7 Gamsegg, auch Trumser Spitze genannt 2912 m 26
8 Auf die Nockspitze 2719 m 28
9 Auf den Blasiuszeiger in der Texelgruppe 2837 m 30
10 Auf die Mutspitze 2295 m 32
11 Auf die Matatzspitze 2179 m 34
12 Auf den Fleckner 2331 m 36
13 Auf die Jaufenspitze 2480 m 38
14 Auf den Großen Ifinger 2581 m 40
15 Auf die Naturnser Hochwart 2608 m 42
16 Auf den Kleinen Kornigl 2311 m 44
17 Auf die Große Laugenspitze 2433 m 46
18 Auf die Gleckspitze 2957 m 48
19 Auf den Peilstein 2542 m 50
20 Auf die Ilmenspitze 2656 m 52
21 Auf die Ultner Hochwart 2626 m 54
22 Auf den Roèn 2116 m 56
23 Auf die Seeblspitze 2343 m 58
24 Auf das Sarner Weißhorn 2705 m 60
25 Auf das Schrotthorn 2590 m 62
26 Auf das Plankenhorn 2589 m 64
27 Auf die Leiterspitze 2375 m 66
28 Auf die Jakobsspitze 2742 m 68
29 Von Spiluck auf die Karspitze 2517 m 70
30 Auf die Königsangerspitze 2436 m 72
31 Auf die Kassiansspitze 2581 m 74
32 Auf den Villanderer Berg 2509 m 76
33 Auf das Aldeiner Weißhorn 2317 m 78
34 Auf die Eggentaler Rotwand 2806 m 80
35 Auf den Schlern 2564 82
36 Auf den Plattkofel 2958 m 84
37 Auf den Piz Duleda 2909 m 86
38 Auf den Puezkofel 2723 m 88
39 Auf die Große Cirspitze 2592 m 90
40 Von Villnöß auf den Tullen 2652 m 92
41 Auf den Zendleser Kofel 2422 m 94
42 Auf die Pisciadùspitze 2985 m 96
43 Auf den Peitlerkofel 2874 m 98
44 Auf die Tatschspitze 2526 m 100
45 Auf die Telfer Weißen 2588 m 102
46 Auf die Hohe Kreuzspitze 2743 m 104
47 Auf den Wolfendorn 2776 m 106
48 Auf die Wildseespitze 2733 m 108
49 Auf die Rotbachlspitze 2895 m 110
50 Auf das Astjoch 2196 m 112
51 Auf den Fallmetzer 2568 m 114
52 Auf die Eidechsspitze 2738 m 116
53 Auf die Kempspitze 2704 m 118
54 Auf die Putzenhöhe im Pustertal 2438 m 120
55 Auf die Plattner Spitze 2435 m 122
56 Auf den Sambock 2396. 124
57 Auf den Maurerberg 2332 m 126
58 Auf die Kreuzspitze im Gadertal 2021 m ... 128
59 Auf den Pares 2396 m 130
60 Auf den Col Bechei 2794 m 132
61 Auf den Heiligkreuzkofel 2907 m 134
62 Von Kolfuschg auf den Sassongher 2665 m 136
63 Auf den Setsas 2571 m 138
64 Auf den Muntejela de Senes 2787 m 140

65 Auf die Napfspitze 2888 m 142
66 Auf den Wolfeskofel im Ahrntal 2050 m 144
67 Auf den Rauchkofel 2653 m 146
68 Auf den Kreuzkofel 2420 m 148
69 Auf den Rammelstein 2483 m 150
70 Auf den Piz da Peres 2507 m 152
71 Auf die Amperspitze 2687 m 154
72 Auf die Rote Wand 2818 m 156
73 Auf das Rudlhorn 2448 m 158
74 Auf die Hochkreuzspitze 2739 m 160
75 Auf den Seekofel 2810 m 162
76 Von der Plätzwiese auf den Dürrenstein 2839 m 164
77 Von Niederdorf auf den Sarlkofel 2378 m 166
78 Auf das Toblacher Pfannhorn 2663 m 168
79 Auf die Oberbachernspitze 2677 m 170
80 Auf die Hollbrucker Spitze 2573 m 172

Literaturhinweis – benütztes Schriftum 174

Register 176

SPORT ALLIANCE
the way for sport

Zu diesem Buch

Die Besteigung eines Berggipfels gehört in der bunten Palette der alpinen Wandermöglichkeiten zu den ganz besonderen Erlebnissen. Dabei spielt es keine so große Rolle, ob man als Extremkletterer eine sehr schwierige Route gewählt hat oder als sogenannter Normalbegeher das ersehnte Ziel über einen guten und sicheren Wanderpfad erreicht hat. Das Erfolgserlebnis, nach mehr oder weniger langem Aufstieg den Gipfel erreicht zu haben, bedeutet – zumindest für ein Weilchen –, am Ziel seiner Wünsche zu sein.

Hoch über den Tälern und über den Niederungen des Alltags steht man am Gipfel gleichsam über den Dingen, man blickt sozusagen auf die Welt hinab, hier muss man nicht mehr weiter, hier hat man das angestrebte Ziel erreicht, und der Lohn ist ein Gefühl der Zufriedenheit und des Glücks, wie man es sonst kaum kennt.

Aber nicht nur das Erfolgserlebnis macht die Schönheit einer Gipfelbesteigung aus. Denn mag bei einer Gipfeltour der viel zitierte Ausspruch auch nicht ganz stimmen, dass schon der Weg das Ziel sei, so kommt ihm doch eine sehr große Bedeutung innerhalb der Gesamttour zu. Wobei freilich weniger der Weg an sich gemeint ist, sondern seine landschaftlichen Eigenschaften.

So unterschiedlich hoch, so unterschiedlich im Aufbau, so unterschiedlich in ihrer Lage die Berggipfel sind, so unterschiedlich sind auch die Wege, die zu ihnen führen. Und so schenken sie stets neue Erlebnisse, oftmals auch die eine oder andere Überraschung, und wenn man anführt, dass die Wege des Gipfelgehers durch Wald und Wiesen, über Almen, Dolomitfels, Schiefer, Gneis, Granit und sogar Marmor, über breite Flanken und schmale Grate, über ausgedörrte Ödlandschaften oder durch mit Bächen und Seen gesegnete Gebiete führen können, so ist das nur ein kümmerlicher Beschreibungsversuch, der von der Wirklichkeit tausendfach übertroffen wird.

Der nächtliche Aufbruch unter der gewaltigen Himmelskuppel voller funkelnder Sterne, das Hineingehen in den langsam erwachenden Tag, der vom Osten heraufsteigt und die Sterne verblassen lässt, und dann bereits irgendwo hoch oben, vielleicht sogar schon am Gipfel, die aufgehende Sonne begrüßen – das sind Eindrücke, die mich schon bei meinen ersten Gipfeltouren in der Jugendzeit innerlich zutiefst bewegt haben und die mich heute, Jahrzehnte später, jedes Mal aufs Neue und mit unverminderter Intensität in ihren Bann ziehen.

Da ist es mir so, als würde ich mit dem neuen Tag auch selbst neu geboren, als stiege ich aus dem Dunkel des Erdinneren hinauf in die überirdische Helligkeit gleißenden Sonnenlichts, selten erlebe ich die Gefühle von Heimat- und Erdverbundenheit intensiver als beim freien Gang über freies Berggelände in den Minuten des erwachenden Tages.

Das Erreichen des Gipfels ist dann freilich die Krönung des Ganzen, und wenn ich zurückblicke auf mein bisheriges Leben, dann leuchten die Gipfeltouren als ganz besonders helle Glanzlichter hervor, und ich hoffe sehr, dass es auch in Zukunft noch viele solcher Glanzlichter geben wird.

Eine Anregung zum Erleben solcher Glanzlichter soll das vorliegende Buch sein, das ich den beliebten Zweitausendern widme, also den Gipfeln mit Höhen zwischen 2000 und 3000 Metern. Darin befindet sich so manche bereits in meinem Buch »Südtiroler Gipfelwanderungen« vorgestellte Tour wieder, eine ganze Reihe von Gipfeln wurde aber neu in dieses Buch aufgenommen. Dass es sich bei der vom Umfang her notwendigen Beschränkung auf 80 Gipfel nur um eine Auswahl handeln kann, versteht sich von selbst.

Jedenfalls habe ich versucht, die ganze Bandbreite vom Gipfel im Bereich der Waldgrenze bis zum Fast-Dreitausender, vom wirklich absolut leichten Fußweg bis zur ausgesetzten Felsroute abzudecken.

Somit begeht man da und dort zwar einen kurzen, noch als leicht einzustufenden Klettersteig oder quert ein Schneefeld, aber nie einen wirklich schwierigen Klettersteig und ebenso wenig einen richtigen Gletscher. Die Routen sind durchweg beschildert und markiert und dürften im Normalfall kaum zu Orientierungsproblemen führen.

In den meisten Fällen kann sich die Ausrüstung auf normale Wanderbekleidung, rutschsichere, knöchelhohe Bergwanderschuhe, leichten Regenschutz und etwas Proviant beschränken. Oft sind aber auch Kälteschutz (Pullover, Anorak) und, falls das Queren von Schneefeldern oder gar Eisrinnen zu erwarten ist, auch ein Eispickel vonnöten. Für kurze gesicherte, klettersteigähnliche Passagen genügen meist ein paar Reepschnüre und Karabiner für die Selbst- und Kameradensicherung; und auch wenn man gelegentlich einen kurzen, leichten und steinschlagsicheren Klettersteig zu begehen gedenkt, wird man sich kaum die volle Klettersteigausrüstung mit Klettergurt und Helm zulegen. Diese wird jedoch unerlässlich, wenn es sich um längere und schwierigere Routen handelt.

An Kleinutensilien sind in jedem Fall Wanderkarte, eine kleine Rucksackapotheke, Taschen- oder Stirnlampe sowie Sonnenschutz wichtig.

Bei den in diesem Buch jeder Tourenbeschreibung beigegebenen Höhenprofile ist zu beachten, dass sie hinsichtlich der Steigungen nur ein ungefähres, mitunter vom subjektiven Empfinden des Bergsteigers stark abweichendes Bild liefern können. Ähnliches gilt übrigens auch für die Kartenausschnitte.

Die meisten der vorgestellten Touren habe ich erst im Lauf der letzten Jahre unternommen (großteils freilich nicht zum ersten Mal), und zwar entweder einfach aus Freude am Berggehen oder aber eigens für diese Publikation, um bei den Wegangaben ein Höchstmaß an Aktualität und Verlässlichkeit zu gewährleisten. Dennoch muss in unserer schnelllebigen Zeit mit der einen oder anderen Veränderung gerechnet werden, weshalb entsprechende Erkundigungen unmittelbar vor der Tour an zuständiger Stelle (Alpenverein, Tourismusbüro, Bergführer) immer zu empfehlen sind.

Auch auf die jeweilige Wetterlage ist zu achten, und Wettervorhersagen, die vor Kälteeinbruch oder Gewittergefahr warnen, sollten unbedingt ernst genommen werden. Bei herrlichem Sommerwetter im Tal aufbrechen und wenige Stunden später oben am Berg von winterlichem Schneesturm oder von einem gefährlichen Gewitter überrascht werden – das wird vom Unerfahrenen kaum für möglich gehalten, kommt aber oft genug vor und führt nicht selten zu schwerwiegenden Unfällen.

So sind auch bei unschwierigen Gipfelwanderungen stets Umsicht und Vorsicht geboten, und solange man nicht selbst über eine gewisse Berg-

erfahrung verfügt, sollte man sich nicht ohne erfahrene Begleiter an das selbstständige Gipfelwandern heranwagen. Wenn man dann aber die grundlegenden Kenntnisse und die nötige Übung im Bergwandern besitzt, auf verlässliche Witterung achtet und bei der Durchführung der Tour Ruhe und Besonnenheit walten lässt, steht dem Erlebnis, das einen am Gipfel erwartet, nichts mehr im Wege.

Und mir als Verfasser bleibt abschließend nur noch, allen Benützern des vorliegenden Buches unbeschwertes, unfallfreies und erlebnisreiches Gipfelwandern zu wünschen. Möge jede Gipfeltour mit glücklicher Heimkehr enden!

Hanspaul Menara

Ein neuer Tag bricht an …

Der steinige Gipfelhang der Seebodenspitze bei St. Valentin auf der Haide

Auf die Seebodenspitze 2859 m

Von St. Valentin über die Haider Alm zum Gipfel

1

Die Tour im Überblick
St. Valentin / Haider Alm – Seebodenspitze – retour
Orientierung und Schwierigkeit
Für gehgewohnte Bergwanderer leicht und problemlos
Gehzeit
Aufstieg 2–2½ Std., Abstieg 1½ Std.
Karten
1: 50.000: Kompass, Blatt 52 (Vinschgau); Freytag-Berndt, Blatt S 2 (Vinschgau – Ötztaler Alpen); 1: 25.000: Tabacco, Blatt 044 (Vinschgau – Sesvenna)

4 Std. | 6,4 km | 739 Hm

Die Seebodenspitze (oder Seebödenspitze) ist der südlichste ausgeprägte Gipfel in dem Kamm, der sich auf der Westseite des Haider und Reschen-Stausees im oberen Vinschgau erhebt. Der Berg erfreut sich besonderer Beliebtheit, weil man den Ausgangspunkt für seine Besteigung, nämlich die gut 2100 Meter hoch gelegene Haider Alm, von St. Valentin herauf bequem mit der Umlaufbahn erreichen kann.

So besteigen wir den Berg, der ein Gipfelkreuz trägt und von einem der an seinen Hängen befindlichen Seeböden und kleinen Seen den Namen hat, auf markiertem Steig über freie, großteils grüne Hänge in gut zweistündigem, teilweise etwas steilem, aber absolut unschwierigen Aufstieg.

Vom Gipfel aus überblicken wir so gut wie die gesamte Bergwelt, die das oberste Inntal und den oberen Vinschgau umrahmt: die Münstertaler Alpen, die westlichen Ötztaler Alpen und die Ortlergruppe.

Seelein am Hang der Seebodenspitze mit Blick zu den Ötztaler Alpen

Wer den Abstieg zu einer kleinen Rundwanderung gestalten möchte, kann den Umweg über die zwar sehr kleinen, aber hübschen »Drei Seen« einschlagen. Der Steig führt jedenfalls durch eine idyllische, völlig unberührte Berglandschaft, während die Seeaugen so recht ein Platz sind für eine gemütliche Rast – bevor wieder zur Seilbahn und mit ihr ins Tal zurückgekehrt wird.

Wegverlauf: Von St. Valentin auf der Haide (1470 m) zunächst westseitig mit der Umlaufbahn hinauf zur Haider Alm (2120 m, Gaststätte). Von dort auf Steig 10 über die großteils mit Gras und Zwergsträuchern bewachsenen und nur im obersten Teil felsiger werdenden Hänge westwärts meist ziemlich steil, aber absolut unschwierig und ohne Orientierungsprobleme hinauf zum Gipfelkreuz (2859 m; ab Haider Alm 2–2½ Std.).
Abstieg: Vom Gipfel über die Aufstiegsroute wieder hinunter bis zu Wegteilung (ca. 2600 m), hier links ab, auf Steig 10 A hinunter zu drei kleinen Seeaugen (ca. 2500 m), dann auf dem Steig teils eben, teils absteigend nordwärts zum Steig 9, auf diesem rechts kurz hinunter zum Weg 14 und auf diesem nochmals rechts abbiegend zurück zur Haider Alm (ab Gipfel knapp 2 Std.).

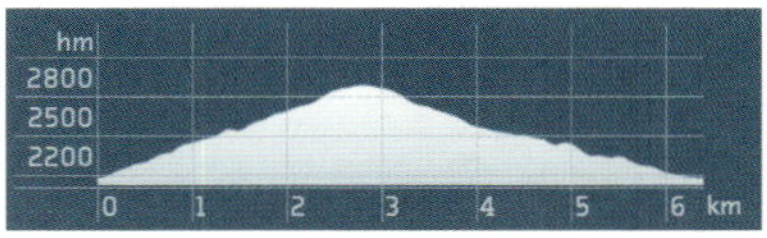

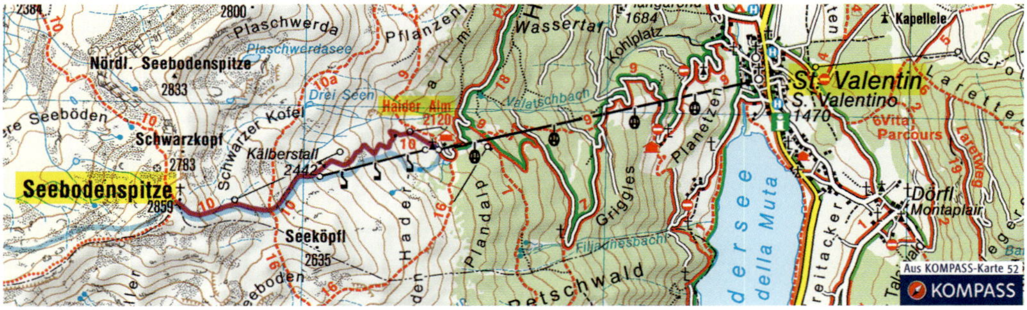

Das Kreuz auf dem Gipfel des Watles

Auf den Watles 2555 m

Kurze und leichte Gipfelwanderung

2

Die Tour im Überblick
Burgeis / Prämajur – Plantapatsch – Watles – retour
Orientierung und Schwierigkeit
Leicht und problemlos
Gehzeit
Aufstieg knapp 1½ Std., Abstieg knapp 1 Std.
Karten
1:50.000: Kompass, Blatt 52 (Vinschgau); Freytag-Berndt, Blatt S 2 (Vinschgau – Ötztaler Alpen); 1:25.000: Tabacco, Blatt 044 (Vinschgau – Sesvenna)

2–2½ Std.	4,5 km	405 Hm

Westlich über der Malser Haide bildet der auf allen drei Seiten mit Gras- und Waldhängen abfallende Watles einen breiten, im Norden vom Zerzer Tal, im Osten vom oberen Vinschgau und im Süden und Südwesten vom Schlinigtal begrenzten Bergaufbau.

Die zur Höferalm abfallenden Hänge sind für den Skisport erschlossen. Vom kleinen, oberhalb Burgeis gelegenen Bergdorf Prämajur können wir mit einer Sesselbahn bis zur bewirtschafteten Plantapatschhütte an der Waldgrenze schweben, von wo ein markierter Fußweg über die blühenden, von zahlreichem Almvieh bevölkerten Grashänge nicht allzu steil zum Gipfelkreuz führt.

Dank der Bergbahn beschränkt sich der zu bewältigende Höhenunterschied auf rund 400 Meter, und damit ist der Watles auch ein Tourenziel für weniger tüchtige Geher, und das umso mehr, als der Weg weder besonders steil noch schwierig ist.

Gelbe Hauswurz am Osthang des Watles

Darüber hinaus bietet sich dem gehfreudigeren Wanderer auch die Möglichkeit, den Abstieg durch einen Abstecher zu den beiden, von blühenden Grashängen umgebenen Pfaffenseen etwas zu verlängern. Lohnend ist es auch, die Rückkehr nach Prämajur nicht mit der Sesselbahn zurückzulegen, sondern von der Bergstation zur nahen Höferalm und von dort auf dem breiten, durch lichte Lärchenbestände führenden Wanderweg nach Prämajur abzusteigen. Die gesamte Gehzeit verlängert sich dadurch um rund eine Stunde.

Wegverlauf: Anfahrt von Burgeis im oberen Vinschgau hinauf nach Prämajur (2150 m) und mit der Sesselbahn weiter zur Plantapatschhütte (2150 m). Von da stets der Beschilderung »Watles« folgend auf breitem Weg zu Weggabel, rechts zu weiterer Wegteilung, hier links ab und auf Steig 3 über das Almgelände großteils mittelsteil hinauf zum Gipfel (2555 m); ab Lift-Bergstation bzw. Plantapatschhütte knapp 1½ Std.
Abstieg: Über die beschriebene Aufstiegsroute (knapp 1 Std.); im unteren Teil der Route kann auch an beliebiger Stelle links zu den Pfaffenseen abgestiegen und auf Steig 4 A zum Gipfelsteig zurückgekehrt werden.

Das Wetterkreuz auf dem Tellakopf, im Hintergrund »König Ortler«

Auf den Tellakopf 2525 m

Leichte Gipfeltour bei Taufers im Münstertal

Der auf markiertem Steig unschwierig zu besteigende Tellakopf erhebt sich gerade nördlich über Taufers in jenem Kamm, der das Münstertal auf der Nordseite begrenzt. Dabei handelt es sich um einen schönen, ziemlich ausgeprägten, durch das Tellajoch vom übrigen Gratverlauf deutlich abgesetzten Gipfel.

Dank der freien, gegen die Weitung der Malser Haide vorgeschobenen Lage genießt man vom Tellakopf aus eine großartige Aussicht. Im Blickfeld liegen die vergletscherten Hochgipfel sowohl der Ortlergruppe im Süden als auch der Ötztaler Alpen im Osten. In geringerer Entfernung umgeben uns die Münstertaler Alpen, und tief unter uns liegt das grüne Münstertal mit seinen Siedlungen.

Das sonnig gelegene Taufers, die größte dieser Siedlungen, bildet den Ausgangspunkt unserer Tour auf den Tellakopf, sofern man nicht vorzieht, bis in die Nähe des Egghofes in gut 1700 Meter Höhe mit dem eigenen Fahrzeug zu gelangen. Wer allerdings den unteren Teil des Aufstiegs zu Fuß bewältigt, lernt

3

Die Tour im Überblick
Taufers im Münstertal – Tellahöfe – Tellaalm – Tellakopf – retour
Orientierung und Schwierigkeit
Für gehgewohnte Bergwanderer leicht und problemlos
Gehzeit
Aufstieg 4 Std., Abstieg 3 Std.
Karten
1:50.000: Kompass, Blatt 52 (Vinschgau); Freytag-Berndt, Blatt S 2 (Vinschgau – Ötztaler Alpen); 1:25.000: Tabacco, Blatt 044 (Vinschgau – Sesvenna)

7 Std.	13,5 km	1285 Hm

Almvieh am Aufstieg zum Tellakopf

den Weiler Tella mit seinen Einzelhöfen näher kennen und kommt auch an der Burgruine Rotund vorbei, der oberen der beiden Burgen, die mit ihren Rundtürmen das Gesamtbild entscheidend mitprägen.

Ab dem erwähnten Egghof führt der Anstieg über die Tellaalm hinauf ins Tellajoch, und nur eine halbe Stunde später stehen wir am Gipfel, den ein weithin sichtbares Wetterkreuz krönt.

Wegverlauf: Von Taufers im Münstertal (1240 m) stets der Markierung 6 und der Beschilderung »Tellaalm / Tellakopf« folgend teils auf der Höfestraße, teils abseits und vorbei an der Ruine Rotund durch Lärchenwald und Wiesen hinauf zum Egghof (1723 m; 1½ Std.; hierher auch mit dem Auto möglich, begrenzte Parkmöglichkeit). Nun mit gleicher Markierung und Beschilderung auf einem Güterweg durch Wiesen und Lärchenwald in Kehren hinauf zur Tellaalm (2098 m, nur landwirtschaftlich bewirtschaftet); von da auf dem weiterhin mit Nr. 6 markierten Fußsteig durch Lärchenwald und freie Grashänge mittelsteil hinauf zum flachen Tellajoch (2358 m) und rechts auf Steig 6 über den großteils begrasten Gratrücken mittelsteil hinauf zum Gipfel des Tellakopfes (2525 m; ab Taufers knapp 4 Std., ab Egghof knapp 2½ Std.).
Der Abstieg erfolgt über die beschriebene Aufstiegsroute (insgesamt 3 Std.).

Das Gipfelkreuz auf dem Glurnser Köpfl mit den südseitigen Vinschgauer Bergen

Auf das Glurnser Köpfl 2402 m

Aussichtswarte hoch über Glurns und Mals

4

Die Tour im Überblick
Glurns – Glurnser Alm – Glurnser Köpfl – Glurns
Orientierung und Schwierigkeit
Lange, aber für gehgewohnte Wanderer unschwierige Gipfeltour auf markierter Route
Gehzeit
Aufstieg 3½–4 Std., Abstieg 2½–3 Std.
Höhenunterschied
Ab Glurns 1494 m, ab St. Martin ca. 1300 m
Karten
1: 50.000: Kompass, Blatt 52 (Vinschgau); Freytag-Berndt, Blatt S 2 (Vinschgau – Ötztaler Alpen); 1: 25.000: Tabacco, Blatt 044 (Vinschgau – Sesvenna)

6–7 Std. | 14,4 km | 1494 Hm

Wie schon der Name andeutet, erhebt sich das Glurnser Köpfl über dem sehenswerten Städtchen Glurns, und zwar als nördlichste Erhebung des Kammes, der sich zwischen dem Trafoi- und dem Münstertal erhebt.

Dieser vorgeschobenen und damit freien Lage verdankt der Berg eine weitreichende Aussicht zu den Münstertaler Alpen, zu den Ötztaler Alpen und zur Ortlergruppe; und geradezu schwindelerregend ist der Tiefblick auf den oberen Vinschgau mit der beherrschenden Malser Haide.

Der Aufstieg führt von Glurns zuerst auf einem Flursträßchen durch Wiesen und Obstgüter zum weithin sichtbaren Martinskirchlein, und dann geht es durch hochstämmige Fichten- und Lärchenwälder bergan zur Glurnser Alm, deren Hirtenhütte am Rand ausgedehnter Grashänge steht. Schließlich steigen wir auf dem weiterhin markierten Steig über freie Hänge und einen etwas steileren Gratrücken empor zum Kreuz, das an markanter Stelle etwas unterhalb des eigentlichen Gipfels steht.

Die Glurnser Alm am Aufstieg zum gleichnamigen Gipfel

Hier oben steht man rund 1500 Höhenmeter über der Talsohle. Wenn man dies und den entsprechend langen Anstieg sowie das einmalige Rundpanorama in Betracht zieht, dann ist unser Gipfel alles andere als nur ein »Köpfl«.

Wegverlauf: Von Glurns (908 m) durch das südseitige Stadttor (Münstertor) hinaus und dann, an der Pfarrkirche vorbei, auf geteertem Flurweg südwärts durch Wiesen in knapp ½ Std. hinauf zum Kirchlein St. Martin (1075 m; hierher bzw. zu einer etwas höher befindlichen Parkmöglichkeit auch mit dem eigenen Fahrzeug möglich). Stets der Beschilderung »Glurnser Alm« folgend zuerst kurz auf dem breiten Forstweg und dann auf dem mittelsteilen Fußweg (Mark. 24) durch den Wald hinauf zur Glurnser Alm (1978 m; ab St. Martin 2½ Std.). Nun der Beschilderung »Glurnser Köpfl« und der Nr. 24 folgend auf dem Fußsteig am Hang weiter hinauf zum Ostgrat des Berges und am steilen Gratrücken weiterhin auf dem markierten Steig empor zum Kreuz (2395 m) und zum nahen höchsten Punkt des Glurnser Köpfls (2402 m; ab Alm 1 Std.).
Abstieg: Am kürzesten über den Aufstiegsweg (ca. 3 Std.); im obersten Bereich bietet sich aber auch folgende kleine Variante an: vom Gipfel über Grasgelände südöstlich weglos hinab zu einem kleinen Almsee und dann links auf einem markierten Steig zurück zum Ostgrat und damit zur Aufstiegsroute.

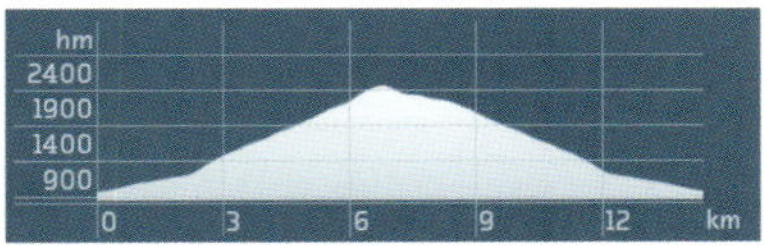

Auf dem Großhorn – im Hintergrund die Ortlerberge

Von St. Valentin auf das Großhorn 2636 m

Ebenso unschwieriger wie aussichtsreicher Gipfel

5

Die Tour im Überblick
St. Valentin auf der Haide – Bergl – Großhorn – retour
Orientierung und Schwierigkeit
Für gehgewohnte Bergwanderer leicht, großteils aber steil
Gehzeit
Aufstieg 3 Std., Abstieg gut 2 Std.
Karten
1:50.000: Kompass, Blatt 52 (Vinschgau); Freytag-Berndt Blatt S 2 (Vinschgau – Ötztaler Alpen); 1:25.000: Tabacco, Blatt 044 (Vinschgau – Sesvenna)

5 Std. | 8,4 km | 1160 Hm

Das östlich von St. Valentin auf der Haide befindliche Großhorn gehört zwar nicht zu den besonders hohen Gipfeln des Vinschgaus, aber es weist doch immerhin eine so markante Form auf, dass es die Bezeichnung »Großhorn« durchaus verdient.

So ist es ein schönes und anziehendes Bergziel. Und wer den Gipfel erreicht hat, ist überwältigt vom Tiefblick auf den riesigen Schwemmkegel der Malser Haide, der als größter Murkegel der gesamten Alpen bekannt ist, und auf die Seenplatte im Passtal des Reschens, die aus dem natürlichen Haider See und dem aufgestauten Reschensee besteht.

Darüber hinaus umfasst die Aussicht aber auch die prachtvolle Hochgebirgswelt der Sesvennagruppe im Westen und die noch großartigeren Gipfel der Ortlergruppe im Süden.

Blick vom Großhorn auf den Reschensee und die Berge des Oberinntals

Besonders gute Geher fügen der Tour auf das Großhorn die Besteigung des 2908 Meter hohen Mitterecks hinzu, doch dem durchschnittlich gehgewohnten Wanderer ist der Aufstieg zum Großhorn wohl lang genug, zumal er teilweise auch recht steil ist.

Außerdem ist das Großhorn keine untergeordnete Randerhebung, sondern ein absolut selbstständiger Gipfel, ja mehr noch, es bildet den Hauptgipfel eines kleinen Bergmassivs zwischen dem Vivanatal im Norden und dem Plawenntal im Süden. So besitzt das Großhorn durchaus alpintouristische Bedeutung, die nicht zuletzt auch im Vorhandensein eines Gipfelkreuzes zum Ausdruck kommt.

Wegverlauf: Im Nordteil von St. Valentin auf der Haide (1470 m) stets der Beschilderung »Großhorn« und der Markierung 6 folgend zuerst zwischen den Häusern und dann großteils durch Lärchenbestände mäßig ansteigend ostwärts zum eigentlichen Bergfuß (Wegteilung mit Wegweisern). Hier rechts abdrehend und weiterhin dem Steig 6 folgend in zahlreichen Serpentinen durch den sehr steilen Wald am Bergrücken hinauf zum »Bergl« (2176 m) und weiterhin, den Wald hinter sich lassend, auf dem Steig 6 über den freien Gratrücken zunächst mäßig, dann stärker ansteigend empor zum Gipfel des Großhorns (2630 m; ab Ausgangspunkt 3 Std.).
Der Abstieg erfolgt am besten auf dem beschriebenen Anstiegsweg in 2 Std.

Der breite Bergaufbau der Vermoispitze (rechts) mit den Südhängen, über die der Aufstieg verläuft

Von St. Martin auf die Vermoispitze 2929 m

Beliebte Bergtour auf der Sonnenseite von Latsch

6

Die Tour im Überblick
Latsch – St. Martin im Kofel – Vermoispitze – retour
Orientierung und Schwierigkeit
Für gehtüchtige und bergerfahrene Geher unschwierig, orientierungsmäßig problemlos, teilweise aber sehr steil
Gehzeit
Aufstieg 3 Std., Abstieg gute 2 Std.
Karten
1:50.000: Kompass, Blatt 52 (Vinschgau); Freytag-Berndt, Blatt S 2 (Vinschgau – Ötztaler Alpen); 1:25.000: Tabacco, Blatt 04 (Schnalstal)

5 Std. | 7,5 km | 1193 Hm

Nordseitig über Latsch im unteren Vinschgau liegt die bekannte Höhensiedlung St. Martin im Kofel, die den Ausgangspunkt für die Besteigung der Vermoispitze bildet und von Latsch herauf mit einer modernen Seilbahn erreicht werden kann.

Dieses St. Martin im Kofel besteht, wenn man von den Höfen in der weiteren Umgebung absieht, aus dem förmlich an den Steilhang geklebten, 1532 in heutiger Form errichteten Martinskirchlein, wenigen Häusern und der Bergstation der Seilbahn mit der Gaststätte. Im Kirchlein befindet sich eine kleine Felshöhle mit einer Statue des heiligen Martin; daher sagt man »im« und nicht »am« Kofel.

Die hoch über St. Martin befindliche, immerhin über 2900 Meter hohe Vermoispitze, auf der ein Gipfelkreuz steht, ist ein gern besuchtes Gipfelziel mit markierter, im letzten Teil allerdings ziemlich steiler Aufstiegsroute.

Die freie Lage des Berges zwischen den zentralen Ötztaler Alpen im Norden und den Ortlerbergen im Süden macht ihn zu

Ziegen am Weg zur Vermoispitze

einer Aussichtswarte ersten Ranges; und geradezu atemberaubend ist der Tiefblick auf die 2300 Meter tiefer liegende Talsohle des Vinschgaus.

Trotz der erwähnten Seilbahn muss bei der Besteigung der Vermoispitze ein Höhenunterschied von immerhin 1200 Meter bewältigt werden, und gut die Hälfte davon erfolgt in steiler, südexponierter und baumloser Bergflanke. Das heißt, dass der Anstieg anstrengend und schweißtreibend ist, weshalb die Tour nicht bei der ärgsten Sommerhitze, sondern nach Möglichkeit im Frühsommer oder Herbst durchgeführt werden sollte.

Wegverlauf Von Latsch im unteren Vinschgau zunächst mit der ganzjährig verkehrenden modernen Personenseilbahn hinauf nach St. Martin im Kofel (1736 m; Gasthaus bei der Bergstation). Von dort der Markierung 6/9 (früher 6/08) folgend durch Wiesen und Wald auf breitem Weg mäßig steil hinauf zu einem Wiesenboden mit einem Wasserspeicher und auf dem genannten Weg 6/9 durch Waldhänge mäßig steil weiter bis zur rechts abzweigenden Markierung 9 (ca. 2200 m). Nun stets dieser und der Beschilderung »Vermoi« folgend auf dem mittelsteilen Steig durch Wald hinauf zur Baumgrenze und dann über die teils begrasten, teils steinigen und felsigen Hänge mit zunehmender Steilheit empor zum Gipfelkreuz (2929 m); ab St. Martin 3–3½ Std.
Der Abstieg erfolgt über die beschriebene Aufstiegsroute in ca. 2–2½ Std.

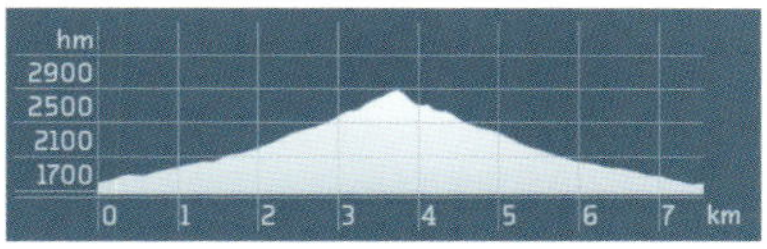

Am Gipfel des Gamseggs liegen auch im Hochsommer noch oft Schneereste.

Gamsegg, auch Trumser Spitze genannt 2912 m

Vom Schnalstal über die Penauder Alm zum Gipfel

7

Die Tour im Überblick
Karthaus – Penauder Alm – Gamsegg (Trumser Spitze) – retour
Orientierung und Schwierigkeit
Bis zur Alm leicht und problemlos, von dort zum Gipfel nicht schwierig und markiert, aber teilweise weglos und felsig (eine gesicherte Stelle)
Gehzeit
Aufstieg 4–4½ Std., Abstieg 3 Std.
Karten
1:50.000: Kompass, Blatt 52 (Vinschgau); Freytag-Berndt, Blatt S 2 (Vinschgau – Ötztaler Alpen); 1:25.000: Tabacco, Blatt 04 (Schnalstal)

7–8 Std.	18,7 km	1370 Hm

Beim Gamsegg, das auch als Trumser Spitze bekannt ist, handelt es sich nicht nur um ein »Egg«, sondern um einen mächtigen Berg, der nach Norden und Südosten lange Kämme entsendet, mit breiter, stark gegliederter Nordostflanke zum Schnalser Tal abfällt und südseitig mit den Hängen, auf denen der Bergweiler Trumsberg liegt, nicht weniger als 2350 Höhenmeter zur Vinschgauer Talsohle abbricht.

Dank seiner Höhe bietet er einen prächtigen Panoramablick auf den Ötztaler Hauptkamm von der Weißkugel im Westen über Similaun und Hintere Schwärze bis zur Hochwilden im Osten, aber auch die Texelgruppe, die südseitigen Vinschgauer Berge und die Ortlergruppe liegen im Blickfeld, während im Nordwesten über der Penauder Alm die Wiegenspitzen aufragen.

Unsere Aufstiegsroute führt zunächst auf breitem Weg durch das bei Karthaus von Südwesten her in das Schnalstal mündende Penaudtal zur Penaudalm, welche Einkehrmöglichkeit bietet und von dort führt die Markierung weiter in Richtung Gipfel.

Die Penauder Alm am Weg zum Gamsegg

Eine Geländemulde wird in kurzem Abstieg und Gegenanstieg gequert, an einem kleinen Bergsee vorbei geht es hinauf in eine Gratscharte, und im anschließenden Grat erleichtert an einer steileren Felspassage ein Drahtseil den Aufstieg zum Gipfel. So ist das Ganze eine prächtige, etwas anspruchsvollere Tour für bergerfahrene, trittsichere und umsichtige Geher.

Wegverlauf: Anfahrt durch das Schnalstal nach Karthaus, hier noch vor dem großen Parkplatz rechts ab, an der Grundschule vorbei und dann auf einer Höfe- und Forststraße hinauf bis zu einem geräumigen Parkplatz im Wald (ca. 1550 m). Von da stets der Markierung 20 und den Wegweisern »Penauder Alm« folgend auf dem breiten Forstweg großteils mäßig ansteigend hinauf zur Penauder Alm (2319 m; Gastschenke; ab Ausgangspunkt 2–2½ Std.). Von der Hütte auf dem Zugangsweg kurz zurück bis zu Wegweisern und ab nun der Markierung 14 folgend rechts zum Rand des Grasbodens. Von dort ein Stück bergab in eine Talsenke, dann an einen auffallenden Bergrücken über Grasgelände und Felsschrofen hinauf zu Wegteilung (rechts geht es zur Grubenspitze), links über Blockwerk empor in eine schmale Gratscharte und links über den felsigen Grat (markiert, teilweise Steig, an einer etwas heikleren Felsstelle ein fixes Stahlseil) empor zum Gipfel (2912 m; ab Almhütte gut 2 Std.).

Abstieg: Über die beschriebene Aufstiegsroute (insgesamt ca. 3 Std.)

Die Nockspitze im Schnalstal – von der Aufstiegsroute aus

Auf die Nockspitze 2719 m

Unschwierige Gipfeltour bei Vernagt im Schnalstal

8

Die Tour im Überblick
Vernagt – Nockspitze – Mastaunalm – Mastaunhof – retour
Orientierung und Schwierigkeit
Für berg- und gehgewohnte Wanderer unschwierig
Gehzeit
Aufstieg 3 Std., Abstieg je nach Route 2 bzw. 3 Std.
Karten
1:50.000: Kompass, Blatt 52 (Vinschgau); Freytag-Berndt, Blatt S 2 (Vinschgau – Ötztaler Alpen); 1:25.000: Tabacco, Blatt 04 (Schnalstal)

5–6 Std. | 12,1 km | 1100 Hm

Die Nockspitze erhebt sich südlich über dem Vernagter Stausee im inneren Schnalstal. Der markante Felsgipfel erfreut sich als Tourenziel allgemeiner Beliebtheit, zumal er mehrere gut markierte Anstiegsmöglichkeiten besitzt, die sich unter anderem zu der hier vorgeschlagenen Rundtour verbinden lassen.

Der vor allem anfangs ziemlich steile, aber unschwierige, rund dreistündige Aufstieg führt im unteren Teil durch hochstämmigen Lärchenwald zu einer kleinen Almrodung, und wenig später hört der Wald endgültig auf.

Nun geht es über begrastes und steiniges Berggelände bergan, Steig und Markierung weisen weiterhin die Richtung, und der hübsche Nordgrat führt schließlich ohne Umschweife zum Gipfelkreuz.

Hier zeigt sich, dass unser Gipfel eine Aussichtswarte ersten Ranges ist. So bekannte Dreitausender wie Lagaunspitze, Schwemserspitze, Weißkugel, Finailspitze, Similaun und Hintere Schwärze liegen im Blickfeld, und kaum weniger eindrucksvoll als der Rundblick ist der Tiefblick auf das tausend Meter unter uns liegende Schnalstal.

Die Alpenaster, eine der Blumenarten am Weg zur Nockspitze

Für den Abstieg wählen wir den südseitigen Steig, der uns, vorbei an einer aufgelassenen Alm, zur einladenden Mastaunalm und zum gleichnamigen Hof führt. Hier wie dort gibt es gemütliche Einkehrmöglichkeit, bevor in schattiger Waldquerung zum Ausgangspunkt zurückgekehrt wird.

Wegverlauf: Anfahrt vom Vinschgauer Haupttal (Nähe Naturns) in das Schnalstal und in diesem bis nach Vernagt am gleichnamigen Stausee (1698 m). Von da nun zu Fuß zuerst über den Staudamm zum westseitigen Bergfuß (hier Wegweiser) und auf Steig 17 südwärts in Kehren durch Lärchenwald in ca. ¾ Std. hinauf zur kleinen Rodung der unbewirtschafteten Waldinger Alm (1933 m). Von da weiter durch Lärchenwald hinauf zu einem Brunnen und bald darauf zur Waldgrenze, nun in mäßiger Steigung über die freien Hänge rechts hinauf zum Nordgrat der Nockspitze und über ihn auf dem stets guten markierten Steig stärker ansteigend empor zum Gipfelkreuz (2719 m; ab Vernagt 3 Std.).
Abstieg: Als Abstiegsalternative zum beschriebenen Aufstiegsweg (2 Std.) empfiehlt sich folgende Route: Vom Gipfel auf Steig 17 A zuerst kurz westwärts hinab in eine Kammsenke, dann großteils steil südseitig über Blockwerk, Grasgelände und Wald hinunter zum Mastaunbach und dann talaus zur Mastaunalm (1810 m; Ausschank) und zum Mastaunhof (1643 m, ebenfalls Einkehrmöglichkeit). Auf dessen Zufahrtsweg ein Stück nordwärts und dann links abzweigend auf Steig 15 teils eben, teils ganz leicht ansteigend zurück zum Staudamm und nach Vernagt; ab Gipfel 3 Std.

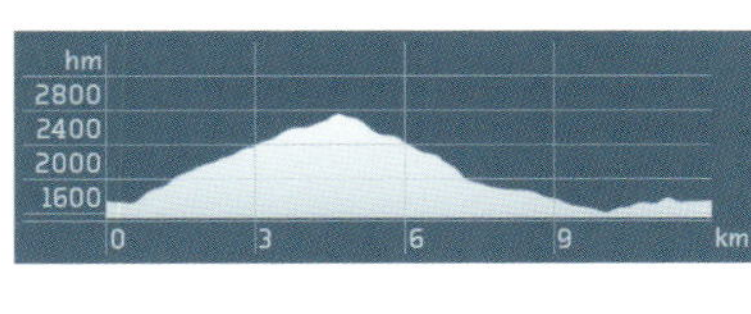

Am Gipfel des Blasiuszeigers

Auf den Blasiuszeiger in der Texelgruppe 2837 m

Von Rabland über die Lodnerhütte zum Gipfel

9

Die Tour im Überblick
Rabland – Giggelberghof – Nassereith – Lodnerhütte – Blasiuszeiger
Orientierung und Schwierigkeit
Für gehtüchtige und bergerfahrene Wanderer nicht schwierig
Gehzeit
Aufstieg 5–6 Std., Abstieg 4 Std.
Karten
1:50.000: Kompass, Blatt 53 (Meran); Freytag-Berndt, Blatt S 1 (Bozen – Meran – Sarntal); 1:25.000: Tabacco, Blatt 011 (Meran und Umgebung)

10–11 Std.	20,7 km	1314 Hm

Der formschöne Blasiuszeiger befindet sich im Tourengebiet der Lodnerhütte und damit im westlichen Teil des Naturparks Texelgruppe. Die Route vom genannten Schutzhaus zum Gipfelkreuz ist markiert und für berggewohnte Geher nicht schwierig.

Vom Talort Rabland bis zum Gipfel gerechnet müsste man, wollte man die gesamte Strecke zu Fuß zurücklegen, den gewaltigen Höhenunterschied von 2300 Meter bewältigen, doch erfreulicherweise können wir die ersten tausend Höhenmeter mit der Texelbahn zurücklegen, einer modernen Seilbahn, mit der wir mühelos bis zum bekannten Giggelberghof schweben.

Von dort queren wir dann hinein ins schmale und steile Zieltal und steigen durch dieses hinauf zur Partschinser Kuhalm und zur Lodnerhütte. Das stattliche, 1891 von der Sektion Meran des Deutschen und Österreichischen Alpenvereins erbaute Schutzhaus, das inmitten ausgedehnter Grashänge auf einer kleinen Geländerippe steht, ist nach dem 3228 Meter hohen Lodner, einem prächtigen Berg aus weißem Marmor, benannt.

Die Lodnerhütte, Stützpunkt am Weg zum Blasiuszeiger

Bald nach der Hütte überqueren wir auf luftigem Steg eine kleine Felsklamm und dann geht es zügig dem Gipfel des Blasiuszeigers entgegen, wobei nach einem ersten Steilaufschwung eine längere Hangquerung und dieser der sehr steile letzte Abschnitt bis zum Gipfel folgt. So ist dieser immerhin mindestens zweistündige Aufstieg nie langweilig, und am Gipfel, der von den Dreitausendern der Texelgruppe umgeben wird, bietet sich ein entsprechend großartiges Rundpanorama.

Wegverlauf: Zunächst mit der Texelbahn (Talstation nahe dem Friedhof zwischen Rabland und Partschins) hinauf zum Giggelberghof (1565 m; Ausschank). Von dort auf Weg 24 in 1 Std. die Hänge nordwärts querend zur Nassereithhütte (1523 m; sie bot letzthin keine Einkehrmöglichkeit), auf Weg 8 in langem Anstieg über die Gingglalm hinauf zur Zielalm (Kuhalm, 2196 m, Ausschank) und kurz weiter zur Lodnerhütte (2262 m; Sommerbewirtschaftung; ab Giggelberghof 3–3½ Std.).
Weiter zum Blasiuszeiger: Von der Wegteilung gleich oberhalb der Hütte stets der Beschilderung »Blasiuszeiger« und der Markierung 3 A folgend zuerst ein Stück westwärts, dann südwärts hinauf zu einem Grasrücken (ca. 2500 m) und über diesen fast eben zum Fuß des Nordgrates. Nun die breite Nordostflanke des Berges über Schieferschrofen und Felsschutt in leichtem Anstieg querend zum Ostrücken und links desselben über steile Gras- und Felsstufen ziemlich gerade empor zum Gipfel (2837 m; ab Hütte 2–2½ Std.).
Der Abstieg erfolgt über die beschriebene Aufstiegsroute.

Die Mutspitze mit dem Gipfelsteig

Auf die Mutspitze 2295 m

Von Dorf Tirol auf einen der Meraner Hausberge

10

Die Tour im Überblick
Gasthaus Hochmuth – Gasthaus Mutkopf – Mutspitze – retour
Orientierung und Schwierigkeit
Bei Abstieg über den Aufstiegsweg für gehgewohnte Bergwanderer leicht und problemlos; der Abstieg über die Taufenscharte erfordert hingegen größere Bergerfahrung, auch ist die Überschreitung des Westgrates stellenweise ausgesetzt.
Gehzeit
Aufstieg 2½–3 Std., Abstieg 2–2½ Std.
Karten
1:50.000: Kompass, Blatt 53 (Meran); Freytag-Berndt, Blatt S 1 (Bozen – Meran – Sarntal); 1:25.000: Tabacco, Blatt 011 (Meran und Umgebung)

4–5 Std. | 7,5 km | 933 Hm

Als südöstlicher Eckpfeiler der Texelgruppe erhebt sich die Mutspitze nördlich über Meran bzw. westlich über dem äußersten Passeiertal. Der hoch hinauf grasbewachsene, im Gipfelbereich jedoch felsige Berg kommt höhenmäßig an die weiter westlich aufragenden Gipfel der Texelgruppe zwar nicht ganz heran, besticht aber dennoch durch seine weithin sichtbare Pyramidenform.

Der nachfolgend beschriebene Anstieg über den Ostgrat vollzieht sich bis zum Gipfel auf markierter Route; er ist ziemlich steil, der Weg aber gut angelegt und in seiner Gesamtheit unschwierig.

Ausgangspunkt für die Tour ist das Berggasthaus Hochmuth in rund 1350 Meter Höhe, das wir von Dorf Tirol herauf mit der Seilbahn erreichen. Von dort queren wir die Nadelwälder hinüber bzw. hinauf zum Waldgasthaus Mutkopf, von wo der eigentliche Gipfelanstieg in gleichmäßiger Steigung zum Ziel führt.

Schwefelanemone am Weg zur Mutspitze

Aufgrund des relativ hoch gelegenen Ausgangspunktes und des leichten Zugangs gehört die Mutspitze, die bereits in dem 1774 erschienenen Atlas Tyrolensis von Peter Anich verzeichnet ist, und deren »weitreichenden Ausblick« schon 1838 der Topograf Beda Weber in seiner Südtiroler Landesbeschreibung rühmt, zu den meistbestiegenen Gipfeln des Meraner Gebietes.

Der auch anderwärts vorkommende Bergname »Mut«, der so viel wie Bergkuppe bedeutet, wird von der Namenforschung einer prähistorischen Sprachschicht zugewiesen und stellt damit ein interessantes Sprachdenkmal dar.

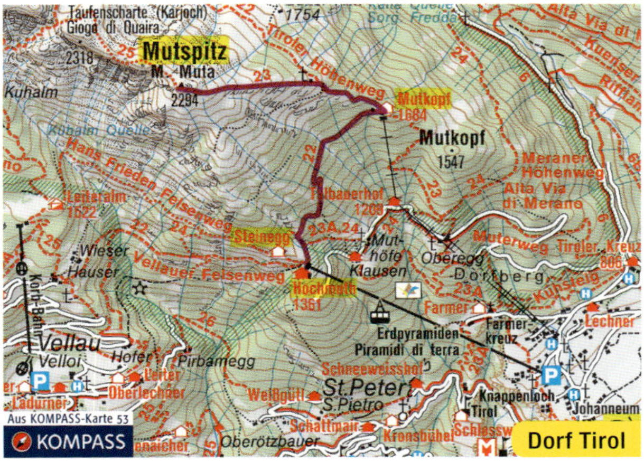

Wegverlauf: Von Dorf Tirol bei Meran mit der Seilbahn hinauf zum Hof und Gasthaus Hochmuth (1361 m). Von da in wenigen Minuten auf gutem Weg gerade hinauf zum Gasthaus Steinegg und ostwärts auf dem guten Waldweg 22 teils ansteigend, teils fast eben hinan zum Gasthaus Mutkopf (1684 m; ab Hochmuth gut 1 Std.). Nun auf dem Waldweg Nr. 22/23 über den Rücken hinauf zu Weggabel und links auf dem Weg bzw. Steig Nr. 23 über den steilen Ostgrat unschwierig empor zum Gipfel (2294 m; ab Gasthaus Mutkopf 1½ bis 2 Std., insgesamt 2½–3 Std.).
Abstieg: am besten auf dem Anstiegsweg. Bergerfahrene und besonders gehfreudige Wanderer können vom Gipfel auf markierter, nicht schwieriger Felsroute auch zur Taufenscharte queren, um von dort über die Leiteralm und den Hans-Frieden-Weg zum Ausgangspunkt zurückzukehren (Gehzeiten ca. 3 Std.).

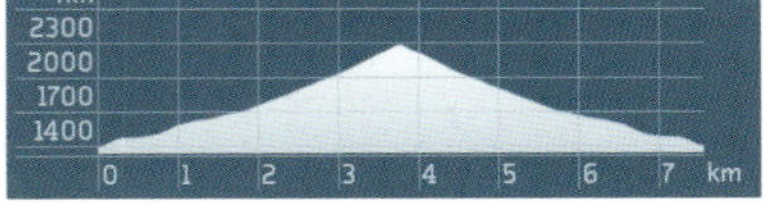

Das Gipfelkreuz auf der Matatzspitze

Auf die Matatzspitze 2179 m

Beliebter Gipfel im Osten der Texelgruppe

11

Die Tour im Überblick
Weiler Christl – Waalerhütte – Matatzspitze – retour
Orientierung und Schwierigkeit
Für geh- und berggewohnte Wanderer unschwierig
Gehzeit
Aufstieg 3–3½ Std., Abstieg 2–2½ Std.
Karten
1:50.000: Kompass, Blatt 53 (Meran); Freytag-Berndt, Blatt S 8 (Passeier – Timmelsjoch – Jaufen); 1:25.000: Tabacco, Blatt 039 (Passeiertal)

5–6 Std. | 9,3 km | 1047 Hm

Der formschöne, aus vier ziemlich scharfen Graten aufgebaute und nach dem Streuweiler Matatz benannte Gipfel bildet den Endpunkt eines von der Kolbenspitze ostwärts streichenden Kammausläufers; vom Gipfel fallen die Steilflanken an die 1600 Höhenmeter zur Passeirer Talsohle ab.

Ich schlage hier den landschaftlich schönen Aufstieg vom Weiler Christl vor, wobei sich guten Gehern allerdings auch die Möglichkeit zur Gestaltung größerer Rundtouren bietet.

Der Weg führt uns an der Waalerhütte des Matatzwaales vorbei, folgt nach dem Verlassen des Waldes problemlos einem gestuften Kamm, und schließlich geht es am Nordgrat teils auf mittelgutem Steig, teils über Blöcke und Steintreppen hinauf zum Gipfelkreuz.

Ringsum ragen die Berge der Texelgruppe, der südlichen Stubaier Alpen und des Sarntaler Westkammes auf; und tief, sehr tief unter uns liegen die Passeirer Dörfer St. Martin und St. Leonhard, umrahmt von Berghöfen und Weilern.

Die Matatzspitze von unserem Aufstiegsweg aus

Und sollte man beim Blick auf die Karte in der Matatzspitze vielleicht nur eine unbedeutende Randerhebung vermutet haben – der Blick vom Gipfel hinunter zur tief in den Kolbenspitze-Verbindungskamm eingeschnittenen Scharte macht deutlich, wie markant und selbstständig der Gipfel ist.

Wegverlauf: Anfahrt von St. Leonhard in Passeier über den Weiler Breiteben zur kleinen Hofgruppe Christl (1132 m; Gasthaus, bescheidene Parkmöglichkeit). Von da auf Steig 3 großteils durch Wald gerade hinauf zur Waalerhütte am Matatzwaal (ca. 1550 m; Ausschank), dann auf dem Steig 3 weiter im Wald empor zu Weggabel (rechts geht Nr. 3 in Richtung Kolbenspitze). Hier links bzw. geradeaus auf Steig 7 A hinauf zu einer begrasten Kuppe (1825 m, etwas tiefer die Kuntneralm), am Graskamm weiter zum Hahnl, einer weiteren Kuppe (1999 m) und nach einer letzten Flachstrecke auf dem Steig am felsigen Nordgrat problemlos hinauf zum Gipfel (2179 m; ab Christl 3–3½ Std.).
Abstieg: Ich empfehle den Aufstiegsweg (2–2½ Std.), es gibt aber auch Alternativen: Entweder vom Fuß des Nordgrates westseitig hinab zur Ulfaser Alm, auf dem langen Matatzer Waalweg zur Waalerhütte und hinab nach Christl, oder aber gleich vom Gipfel ostseitig teilweise sehr steil hinab (Markierung 7) nach Matatz (1100 m) und auf dem Meraner Höhenweg (3 km) nach Christl; beide Routen etwa 1½ Std. länger als der gerade Abstieg.

Das Gipfelkreuz auf dem Fleckner

Auf den Fleckner 2331 m

Beliebter Gipfel im Westen des Jaufenpasses

12

Die Tour im Überblick
Römerkehre – Flecknerhütte – Fasnachter – Fleckner – retour
Orientierung und Schwierigkeit
Für einigermaßen berggewohnte Wanderer leicht und problemlos
Gehzeit
Aufstieg 2 Std., Abstieg gut 1 Std.
Karten
1:50.000: Kompass, Blatt 44 (Sterzing); Freytag-Berndt, Blatt S 4 (Sterzing – Jaufenpass – Brixen); 1:25.000: Tabacco, Blatt 039 (Passeiertal)

3 Std. | 5,5 km | 526 Hm

Unweit der »Römerkehre«, der letzten Wendekurve der von St. Leonhard zum Jaufenpass führenden Straße, befindet sich ein kleiner Parkplatz, und hier in gut 2000 Meter Höhe beginnen wir unsere Gipfeltour.

Doch es geht nicht gleich steil bergan, sondern auf einem breiten, weitgehend ebenen Weg durch blühende Grashänge westwärts. Bereits nach einer knappen halben Stunde erreichen wir die Flecknerhütte, eine sonnig und aussichtsreich gelegene Gastschenke hoch über St. Leonhard.

Während nun der Hangweg westwärts weiter verläuft, steigen wir zu jenen beiden Gipfeln auf, die uns schon während des Zugangs zur Hütte aufgefallen sind.

Beim vorderen Gipfel handelt es sich um den 2268 Meter hohen Fasnachter, beim hinteren um den etwas höheren und bekannteren Fleckner, der nicht nur eine einmalige Fernsicht, sondern auch einen atemberaubenden Tiefblick auf das äußere Passeiertal bietet.

Der Fleckner mit dem Aufstiegspfad

Sein westlicher Nachbar ist übrigens der Saxner, der vom Fleckner in kurzem Ab- und Gegenanstieg unschwierig ersteigbar ist und von Gipfelsammlern nicht selten auch noch »mitgenommen« wird.

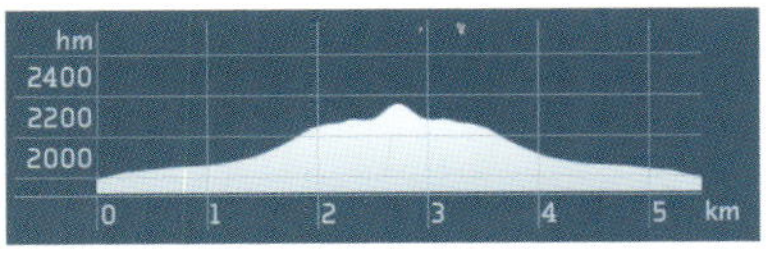

Wegverlauf: Anfahrt von St. Leonhard in Passeier zur obersten Kehre der Jaufenstraße (»Römerkehre«) und auf kurzem Seitensträßchen hinauf zu einem kleinen Naturparkplatz im Flachgelände (ca. 2050 m). Von dort auf dem breiten Weg 12 quer durch die Hänge westwärts zur Flecknerhütte (2100 m, Sommerbewirtschaftung); ab Ausgangspunkt 20 Minuten. Von der Hütte nun auf markiertem Steig durch die felsdurchsetzten Grashänge steil, aber unschwierig hinauf zum Kamm und auf Steig 12 über den etwas felsigen Gratverlauf, vorbei an der Bergstation einer Liftanlage, unschwierig zum Gipfel des Fasnachters (2268 m); dann westwärts kurz hinab in eine Kammsenke und auf dem Steig 12 ebenfalls unschwierig hinauf zum Gipfelkreuz der Flecknerspitze (2331 m); ab Hütte knapp 1½ Std.

Abstieg: Vom Fleckner zurück zur ostseitig eingelagerten Scharte, rechts auf unschwierigem Steig südostwärts hinunter zur Hütte und zurück zum Ausgangspunkt; ab Gipfel 1 Std.

Die Jaufenspitze mit der teilweise gesicherten Aufstiegsroute

Auf die Jaufenspitze 2480 m

Markanter Felsgipfel zwischen Wipptal und Passeier

13

Die Tour im Überblick
Jaufenpass – Jaufenspitze – retour
Orientierung und Schwierigkeit
Für trittsichere Berggeher nicht schwierig; heiklere Felspassagen sind mit Halteseilen versehen
Gehzeit
Aufstieg knapp 1½ Std.,
Abstieg knapp 1 Std.
Karten
1:50.000: Kompass, Blatt 44 (Sterzing); Freytag-Berndt, Blatt S 4 (Sterzing – Jaufenpass – Brixen); 1:25.000: Tabacco, Blatt 038 (Sterzing – Stubaier Alpen)

2–2 ½ Std. | 4,3 km | 387 Hm

Die Jaufenspitze erhebt sich als nördlichster Gipfel der Sarntaler Alpen zwischen dem Passeiertal und dem Wipptal. Zur Sterzinger Seite hin zeigt sie sich als kühne Felsspitze, zur Passeirer Seite hingegen als breiter Bergaufbau.

Wahrscheinlich hat der Berg seit eh und je die Menschen beeindruckt, die auf den darunter liegenden Almen Weidewirtschaft betrieben oder den uralten Übergang der Jaufensenke überschritten haben. Daher ist anzunehmen, dass er schon früh von Gämsjägern bestiegen wurde. Die erste belegte Besteigung erfolgte allerdings erst 1891 durch die beiden Innsbrucker Alpinisten Julius und Arthur Pock.

Die teils am Nordgrat, teils im obersten Teil der sehr steilen Nordwestflanke und zuletzt über den kurzen Gipfelgrat verlaufende Normalroute ist markiert, und ein paar Felspassagen wurden durch fixe Stahlseile entschärft.

Am Felsgrat der Jaufenspitze – im Hintergrund das Tribulaunmassiv

So ist der Aufstieg zur Jaufenspitze, die übrigens mit ihrer Schau auf die Ötztaler, Stubaier und Zillertaler Alpen ein sehr aussichtsreicher Berg ist, bei guten Verhältnissen und mit der nötigen Vorsicht von jedem trittsicheren und schwindelfreien Berggeher zu meistern, zumal sich auch die zu bewältigende Höhenleistung mit kaum 400 Höhenmeter sehr in Grenzen hält.

Wegverlauf: Vom Jaufenpass (2099 m; Parkplätze, Einkehrmöglichkeiten) dem Wegweiser »Jaufenspitze« folgend zunächst leicht ansteigend und eben südseitig hinüber zur Jaufenscharte (2093 m), wo der eigentliche Aufstieg beginnt. Von da weiterhin der Markierung folgend teils auf gutem Steig, teils nur auf Pfadspuren zunächst in der Ostflanke des Nordwestgrates hinauf zum Grat und dann ein gutes Stück diesem folgend empor (hier mehrere Drahtseile an einigen etwas heiklen Felsstellen). Nun über Schrofen und Schutt in der steilen Westflanke zum waagrechten Gipfelgrat, der die beiden Kulminationspunkte verbindet, und links kurz am scharfen Felsgrat etwas ausgesetzt, aber unschwierig zum Gipfelkreuz auf der nordöstlichen Gipfelkuppe (2481 m; ab Ausgangspunkt knapp 1½ Std.).
Der Abstieg erfolgt über die Anstiegsroute in rund 1 Stunde.

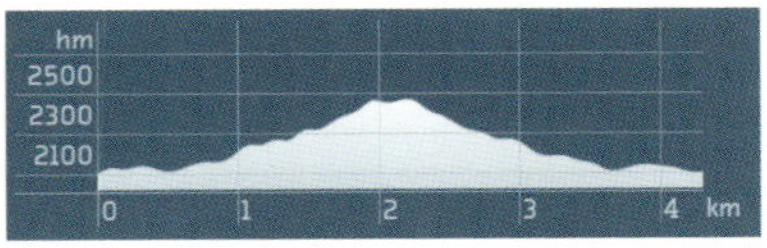

Der Große Ifinger mit der Felsflanke, über die der Klettersteig verläuft

Auf den Großen Ifinger 2581 m

Berühmter Gipfel mit kurzem Klettersteig bei Meran

14

Die Tour im Überblick
Piffinger Köpfl – Kuhleiten – Großer Ifinger – retour
Orientierung und Schwierigkeit
Für erfahrene, trittsichere und absolut schwindelfreie Berggeher ohne besondere Probleme, weniger Geübte sollten jedoch ans Seil genommen werden!
Gehzeit
Aufstieg 2½–3 Std., Abstieg 2 Std.
Karten
1:50.000: Kompass, Blatt 53 (Meran); Freytag-Berndt, Blatt S 1 (Bozen – Meran und Umgebung); 1:25.000: Tabacco, Blatt 011 (Meran und Umgebung)

4–5 Std. | 10,8 km | 681 Hm

Der Ifinger ist einer der bekanntesten und formschönsten Berge Südtirols. Aus dem Großen und dem Kleinen Ifinger zusammengesetzt, ragt die eindrucksvolle Felsgestalt nordöstlich über dem Meraner Raum frei und beherrschend in den Himmel. Im Süden, Westen und Norden fällt er mit wilden Felswänden und -pfeilern ab und verrät, dass er in erster Linie ein Berg für gute Kletterer ist, die vor allem von der bekannten Nordwand in ihren Bann gezogen werden.

Doch auf der Ostseite ist er nicht ganz so abweisend, und von dort her ist der aus hellem Granit, dem sogenannten Ifinger-Tonalit, aufgebaute und den Sarntaler Alpen angehörende Berg über den mit Eisenstiften, Stahlseilen und Ketten versehenen »Normalweg« auch dem nicht ganz so klettertüchtigen Berggeher zugänglich.

Allerdings sind einige wenige Stellen doch ausgesetzt genug, dass die Besteigung des schönen Gipfels absolute Schwindelfreiheit, Trittsicherheit und möglichst etwas Kletter-

In der Gipfelflanke des Großen Ifingers

steigerfahrung erfordert, auch wenn sich die wirklich heikle und teilweise senkrechte Wegstrecke auf eine relativ kurze Schlüsselstelle beschränkt.

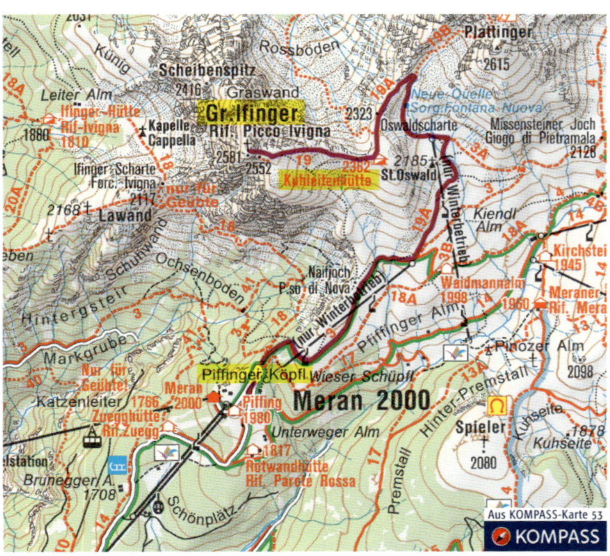

Wegverlauf: Von Meran bzw. Vernaun zuerst mit der Ifinger-Seilbahn hinauf zum Piffinger Köpfl (1500 m; Gastbetriebe). Von da auf dem Weg 3 leicht ansteigend in Richtung Missensteiner Joch bis zu Wegteilung oberhalb der Waidmannalm, links auf dem breiten Weg 19 A über Grasgelände hinauf zur Oswaldscharte und wieder links kurz weiter zum Gasthaus Kuhleiten (2360 m; hierher 1½ Std.); nun auf dem guten Steig 19 westwärts über den Rücken zum Fuß des Berges, auf dem markierten Steig hinauf gegen den Kleinen Ifinger, wo etwa 50 Meter unter dessen Gipfel der Klettersteig beginnt. Auf diesem (gute Sicherungen) die Nordflanke querend zu einer Scharte, dann südseitig kurz hinab und schließlich über ein paar sehr ausgesetzte Stellen (teilweise senkrecht, aber mit guten Eisenketten versehen) empor zum Gipfel des Großen Ifingers (2581 m; ab Kuhleiten 1 Std.).
Der Abstieg erfolgt über die beschriebene Aufstiegsroute (2 Std.).

Die Naturnser Hochwart unter der strahlenden Sonne

Auf die Naturnser Hochwart 2608 m

Gipfeltour vom Vigiljoch bei Lana aus

15

Die Tour im Überblick
Vigiljoch – Hochwart – retour
Orientierung und Schwierigkeit
Für Gehgewohnte mit Bergerfahrung leicht und problemlos
Gehzeit
Aufstieg 3½ Std., Abstieg 2½ Std.
Karten
1:50.000: Kompass, Blatt 53 (Meran); Freytag-Berndt, Blatt S 1 (Bozen – Meran – Sarntal) und Blatt S 2 (Vinschgau – Ötztaler Alpen); 1:25.000: Tabacco, Blatt 011 (Meran)

6 Std. | 18,6 km | 860 Hm

Dieser markante Berggipfel erhebt sich zwischen dem unteren Vinschgau und dem äußeren Ultental. Zur Unterscheidung von der auf der Ultner Südseite befindlichen Ultner Hochwart wird er als Naturnser Hochwart bezeichnet.

Wie beim Ultner Gegenstück und bei den anderen Gipfeln dieses Namens handelt es sich auch bei unserem Ziel wirklich um eine hohe und dementsprechend aussichtsreiche Warte, wobei der Blick die beiden Begrenzungstäler ebenso umfasst wie die Ortlerberge, die Ötztaler und Sarntaler Alpen und die Dolomiten.

Als Zugang wählen wir den Weg vom Vigiljoch her, das wir von Lana herauf mit Seilbahn und Sessellift erreichen können. Dadurch hält sich der zu Fuß zu bewältigende Höhenunterschied in Grenzen und die Besteigung vollzieht sich zu einem guten Teil in Form einer wenig anstrengenden, wenn auch relativ langen Höhenwanderung.

Die Wucherblume, auch Bergmargerite genannt, ist eine der Blumenarten an der Naturnser Hochwart.

Wegverlauf: Zuerst von Oberlana (301 m) mit der Seilbahn hinauf zum Vigiljoch (1486 m, Gasthaus) und mit dem anschließenden Sessellift weiter zum Larchbühel (1814 m; Restaurant). Von dort auf breitem Weg Nr. 4 westwärts zum Gasthaus Jocher (ca. 1750 m) unter dem Vigiliuskirchlein. Von nun an stets der Markierung 9 und der Beschilderung »Hochwart« folgend zunächst auf breitem Weg, dann auf schmalerem Steig durch Wald, über Grasböden und freie Hänge teils ansteigend, teils eben hinein in den Kessel unter der Hochwart, hinauf in die Nörderscharte und links am teilweise felsigen, aber unschwierigen Grat auf dem markierten Pfad empor zum Gipfel (2608 m; ab Sessellift 3½ Std.).
Der Abstieg erfolgt über die beschriebene Route.

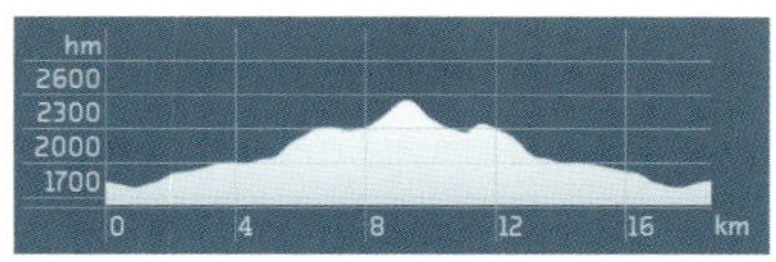

Dabei gelangen wir schon nach wenigen Minuten zum Berggasthof Jocher und zum nahen Vigiljoch-Kirchlein, einem besonderen landschaftlichen Kleinod. Es folgt eine längere Waldwanderung, dann geht es über ebene Almböden weiter, und nachdem wir die Südhänge des Naturnser Hochjochs gequert haben, führt der gut markierte Steig am eigentlichen Bergaufbau empor zum ersehnten Ziel, dem weithin sichtbaren Gipfelkreuz.

Der Kleine Kornigl mit Haflingern auf der Bergweide

Auf den Kleinen Kornigl 2311 m

Am Kamm zwischen Ultental und Deutschnonsberg

16

Die Tour im Überblick
Hofmahdtunnel – Oberalm – Kleiner Kornigl – retour
Orientierung und Schwierigkeit
Für geh- und berggewohnte Wanderer unschwierig, aber teilweise ziemlich steil
Gehzeit
Aufstieg gut 2 Std., Abstieg knapp 1½ Std.
Karten
1:50.000: Kompass, Blatt 53 (Meran und Umgebung); Freytag-Berndt, Blatt 53 (Bozen – Meran – Sarntal); 1:25.000: Tabacco, Blatt 042 (Ultental)

3–4 Std. | 6,1 km | 600 Hm

Auf der Proveiser Seite des Straßentunnels, der das Hofmahdjoch unterquert und das Ultental mit dem Deutschnonsberg verbindet, bieten große Parkplätze einen rund 1700 Meter hoch gelegenen und daher besonders günstigen Ausgangspunkt für verschiedene Wanderungen in dieser Bergregion.

Nordwestlich darüber erhebt sich als beliebtes Wanderziel der Kleine Kornigl, in dessen Namen nicht etwa ein »Korn-Igel«, sondern ein romanisches »curniculu« (kleines Horn) steckt.

Der Gipfel ist auf einem markierten und nicht schwierigen, wenn auch im letzten Teil etwas steilen und leicht ausgesetzten Bergpfad zu besteigen.

So wandern wir zunächst zur langen Viehstallung der Oberalm, wo im Sommer viel Vieh weidet und der eigentliche Gipfelpfad beginnt. Über Zwergstrauchheide und Blockwerk steigen wir empor, erreichen schließlich in steilem Anstieg eine Gratsenke und stehen wenig später beim stattlichen, weithin sichtbaren Gipfelkreuz, wo die Aussicht bis zu den Dolomiten,

Das Gipfelkreuz auf dem Kleinen Kornigl

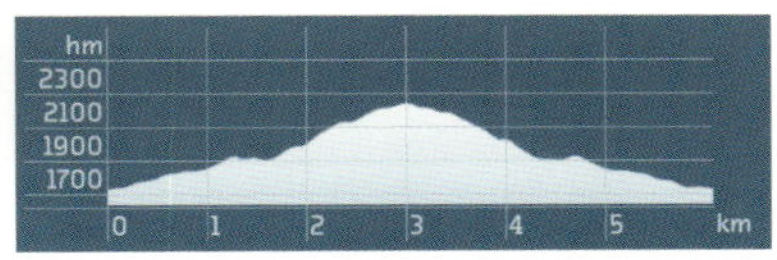

zur Brenta und zu den Gletschern von Presanella und Adamello reicht.

Und nachdem wir nach zweistündigem Aufstieg verdiente Rast gehalten haben, finden wir beim Abstieg in der unweit unseres Weges gelegenen Aler- oder Castrinalm auch noch gemütliche Einkehrmöglichkeit am Rand ausgedehnter Bergwiesen.

Wegverlauf: Anfahrt von Ulten auf der zwischen St. Pankraz und St. Walburg abzweigenden Straße zum Parkplatz Hofmahd am Südausgang des Hofmahdtunnels (ca. 1700 m). Von da nun zu Fuß stets den Wegweisern »Kornigl« folgend zuerst auf Steig 8 kurz durch Wald hinauf zu den Bergwiesen der Hofmahdsenke (die Aler- oder Castrinalm liegt nur wenige Minuten entfernt), bei Wegweisern links ab, auf Weg bzw. Steig 133 zunächst durch Wiesen hinan und dann nahezu eben durch eine Waldzone zum Viehstall der Oberalm (1894 m; kein Ausschank). Von da auf Steig 7 über Grashänge und Geröll längere Zeit ziemlich gerade hinauf, dann rechts abdrehend mit zunehmender Steigung am Gras- und Schrofenhang empor zu einer Scharte und über den schmalen und etwas felsigen Grat problemlos südwärts zum Kleinen Kornigl (2311; ab Parkplatz 2 Std.).
Der Abstieg erfolgt über die beschriebene Aufstiegsroute.

Der Anstieg auf den Großen Laugen führt im oberen Teil über steilen Fels.

Auf die Große Laugenspitze 2433 m

Vom Gampenpass über die Laugenalm zum Gipfel

17

Die Tour im Überblick
Gampenpass – Laugenalm – Große Laugenspitze – retour
Orientierung und Schwierigkeit
Für Trittsichere mit Bergerfahrung nicht schwierig, aber teilweise steil
Gehzeit
Aufstieg 3 Std., Abstieg 2 Std.
Karten
1:50.000: Kompass, Blatt 53 (Meran); Freytag-Berndt, Blatt 53 (Bozen – Meran – Sarntal); 1:25.000: Tabacco, Blatt 042 (Ultental)

5 Std. | 8,7 km | 915 Hm

Der Laugen, ein mächtiger zweigipfeliger Berg, ragt frei über der Einmündung des Ultentales in das Etschtal auf und zeichnet sich deshalb durch besonders umfassende Fernsicht aus.

Während die Kleine Laugenspitze vom hübschen, zwischen beiden Gipfeln liegenden Laugensee aus über leichtes Gehgelände zu besteigen ist, führt die klassische, von uns gewählte Route auf die Große Laugenspitze über deren steilen und felsigen Südostgrat.

Wir beginnen den Aufstieg am gut 1500 Meter hohen Gampenpass, dem Straßenübergang von Lana zum Nonsberg. Am rund dreistündigen Weg bietet die Laugenalm Einkehrmöglichkeit, wenig später erreichen wir die Baumgrenze und zuletzt geht es längere Zeit über die Porphyrfelsen des besagten Südostgrates steil empor zum Gipfel.

Über diesen Grat wurde schon früh ein Felspfad angelegt, der zwar den Aufstieg erleichtert, aber doch nur geübteren Berggehern zu empfehlen ist. Wer sich diese Route nicht zutraut,

Die Laugenalm unter der Großen Laugenspitze

wähle den hier als Abstiegsalternative beschriebenen Südwestgrat, der zwar länger, aber dafür als leicht einzustufen ist.

Es ist schriftlich belegt, dass der Edelmann Jakob von Boymont die Große Laugenspitze 1552 zusammen mit Katharina Botsch und Regina von Brandis bestiegen hat. Dies ist die früheste bekannte Damentour und eine der frühesten urkundlich erwähnten Gipfelbesteigungen überhaupt. Erwähnt sei auch, dass bereits 1875 die Alpenvereinssektion Meran etwas unterhalb des Gipfels eine der ersten alpinen Schutzhütten errichtete; sie ist heute allerdings längst verschwunden.

Wegverlauf: Vom Gampenpass (1518 m; Parkplatz, Gasthaus, Jochkreuz) den Wegweisern »Laugenalm« folgend auf dem breiten Zubringerweg zuerst durch eine Wiese und dann durch schönen Nadelwald in nur leicht ansteigender Wanderung in 1 Std. hinauf zur Laugenalm (1853 m; Ausschank). Dann auf zunächst breitem Güterweg und später auf mittelsteilem Fußpfad der Markierung 10 folgend hinauf zu einem begrasten Altmöränenbecken (ab da Mark. 10/133), rechts zu einer Geländeschulter und über Blockwerk und teilweise gesicherten Porphyrfels steil empor zum Gipfel der Großen Laugenspitze (2433 m; ab Laugenalm knapp 2 Std.).
Abstieg: Über die beschriebene Aufstiegsroute in knapp 2 Std. (der Abstieg über den Südwestgrat ist leichter, aber um einiges länger).

Das Gipfelkreuz auf der Gleckspitze

Auf die Gleckspitze 2957 m

Leichter Hochgipfel im Scheitel des Ultentals

18

Die Tour im Überblick
Weißbrunn-Stausee – Weißbrunner Almen – Gleck – retour
Orientierung und Schwierigkeit
Für gehgewohnte Bergwanderer leicht und problemlos
Gehzeit
Aufstieg 3½ Std., Abstieg 2½ Std.
Karten
1:50.000: Kompass, Blatt 72 (Ortler – Cevedale); Freytag-Berndt, Blatt S 13 (Ultental); 1:25.000: Tabacco, Blatt 042 (Ultental)

6 Std. | 13,7 km | 1057 Hm

Bei diesem Gipfel, der meist einfach kurz »Gleck« genannt wird und seit einiger Zeit ein Gipfelkreuz trägt, handelt es sich um einen zwar hohen, aber nicht schwierig zu besteigenden Berg im Scheitel des Ultentales.

Der Gipfel – genaugenommen handelt es sich um ein Gipfelpaar – ist auf markierten Zugängen von zwei Seiten aus erreichbar. Der Anstieg von St. Gertraud über die Kirchbergalm und die Haselgruber Hütte ist empfehlenswert, wesentlich kürzer jedoch ist der hier vorgeschlagene Weg, dessen Ausgangspunkt am Weißbrunn-Stausee in 1900 Meter Höhe liegt. Allerdings bleibt auch da noch eine Gehzeit von immerhin rund dreieinhalb Stunden zu bewältigen.

Dieser Aufstieg ist landschaftlich überaus schön, durchwandert man doch das weite Weißbrunner Almtal mit mehreren Bergseen, über denen sich ganz hinten die pyramidenförmige Gleckspitze erhebt.

Der Langsee, einer der Weißbrunnseen am Weg zur Gleckspitze

Der Aufstieg vom Schwarzsee, dem letzten der Wasseransammlungen, zum Schwärzerjoch und von dort über den Nordrücken des Berges zum Gipfelkreuz ist dann zwar steil, aber der Steig ist markiert, und so ist dieser Fast-Dreitausender ein Gipfelziel, das sich bei guten sommerlichen Verhältnissen jeder gehgewohnte Bergwanderer zutrauen darf.

Wegverlauf: Anfahrt von St. Getraud in Ulten (1519 m) auf schmaler Straße hinauf zum Weißbrunn-Stausee (1900 m; Parkplätze, Gastbetrieb). Von da auf Weg 140 südwestwärts zur Bachbrücke, links auf Steig 103 hinauf gegen den Fischersee, bei Wegteilung auf Steig 107 geradeaus hinauf zur Oberen Weißbrunner Alm (ca. 2220 m), rechts abdrehend und weiterhin auf Steig 107 mäßig ansteigend zu Wegkreuzung etwas oberhalb des Langsees (ca. 2400 m; 1½ Std.). Weiter auf Steig 107 durch Grasgelände mäßig ansteigend zum Schwarzsee (2544 m), in Serpentinen hinauf ins Schwärzerjoch (2825 m) und links auf dem guten Steig 145 über den steinigen Bergrücken mittelsteil empor zum Gipfelkreuz auf dem Nordostgipfel (2952 m; von dort ist auch der 2957 m hohe Südwestgipfel auf kurzem Geröllsteig erreichbar; ab Langsee 2 Std.).
Der Abstieg erfolgt über die beschriebene Aufstiegsroute.

Die Marschnellalm am Aufstieg zum Peilstein mit Blick zu den südlichen Ultner Bergen

Auf den Peilstein 2542 m

Von Gigglhirn über die Marschnellalm zum Gipfel

19

Die Tour im Überblick
Gigglhirn – Marschnellalm – Peilstein – retour
Orientierung und Schwierigkeit
Für gehgewohnte Wanderer leicht und problemlos
Gehzeit
Aufstieg knapp 3 Std., Abstieg 2 Std.
Karten
1:50.000: Kompass, Blatt 53 (Meran); Freytag-Berndt, Blatt S 13 (Ultental);
1:25.000: Tabacco, Blatt 042 (Ultental)

5 Std. | 8,5 km | 859 Hm

Der aus Schiefergestein aufgebaute Peilstein, ein unschwierig ersteigbarer, häufig besuchter Gipfel, erhebt sich mit seiner felsigen Südflanke als auffallender Berg nordwestlich über St. Walburg und bildet den Höchstpunkt eines relativ kurzen, das Kirchbachtal vom Ultner Haupttal trennenden Seitenkammes.

Wie die vielen anderen ostalpinen Beil- und Peilnamen hat auch der Name unseres Berges nichts mit einer Hacke zu tun, sondern ist, so sagt uns die Namenforschung, ein alter Jagdausdruck für den Ort, wo das Wild gestellt wurde.

Von seinem Gipfel bietet sich eine besonders umfassende Rundumsicht über das Ultental, und von dem etwas unter dem höchsten Punkt stehenden großen Gipfelkreuz, wo auch eine Bank zur Rast einlädt, genießt man einen geradezu schwindelerregenden Tiefblick auf das über tausend Meter tiefer liegende St. Walburg.

Der Peilstein mit seiner breiten Westflanke

Der Berg ist sowohl von St. Pankraz aus dem genannten Kirchbachtal über die Innere Falkomaialm oder über den langen Ostkamm sowie von St. Walburg über die hier beschriebene Route besteigbar. Diese erreicht das Ziel vom Hof Gigglhirn über die bekannte Marschnellalm herauf auf markierter Route.

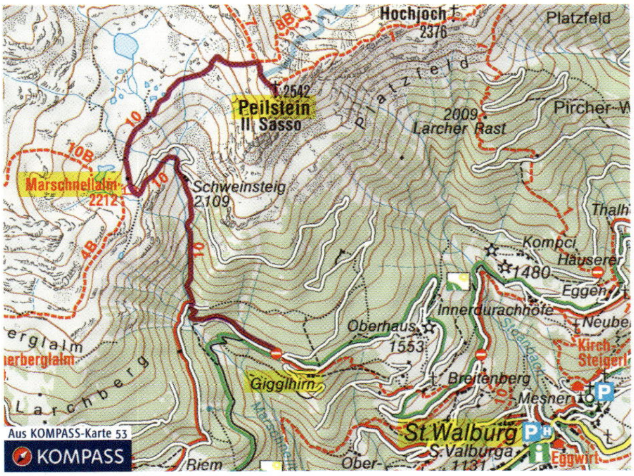

Wegverlauf: Anfahrt von St. Walburg mit dem eigenen Fahrzeug über die kurvenreiche Höfestraße nordwestlich hinauf bis zum Hof Gigglhirn (1683 m). Nun stets der Markierung 10 folgend zunächst auf breitem Forstweg die Waldhänge querend nordwestwärts hinein zum Marschnellbach, auf steilem Fußpfad empor zur Schweinsteigalm und weiterhin der Markierung und dem Fußweg folgend (oder auch über den Güterweg) hinauf zur Marschnellalm (2212 m; Ausschank; ab Gigglhirn knapp 2 Std.). Von da nun auf Steig 10 über die steinigen Grashänge teils mäßig, teils stark ansteigend nordostwärts hinauf zu einer Gratsenke und rechts über den kurzen Nordwestgrat zum Gipfel (2542 m, das Gipfelkreuz steht etwas tiefer; ab Gigglhirn 3 Std., ab Alm 1 Std.).
Der Abstieg erfolgt über den Aufstiegsweg (2 Std.).

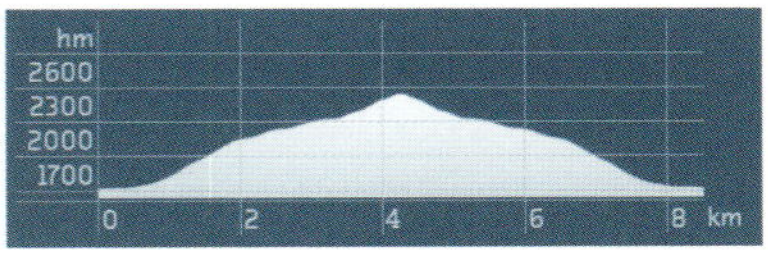

Der Gipfelaufbau der Ilmenspitze, die über den linken Hang erreicht wird

Auf die Ilmenspitze 2656 m

Aufstieg von St. Nikolaus in Ulten über die Auerbergalm

20

Die Tour im Überblick
St Nikolaus – Auerbergalm – Ilmenspitze – retour
Orientierung und Schwierigkeit
Für ausdauernde und berggewohnte Geher leicht und problemlos; teilweise aber steil
Gehzeit
Aufstieg 3½–4 Std., Abstieg 2½ Std.
Karten
1:50.000: Kompass, Blatt 72 (Ortler – Cevedale); Freytag-Berndt S 6 (Ortlergruppe – Martell – Val di Sole); 1:25.000: Tabacco, Blatt 042 (Ultental)

5–6 Std. | 13,2 km | 1391 Hm

Die Ilmenspitze – oder Ilmspitze – ist einer der ausgeprägtesten und bedeutendsten Gipfel im Kamm zwischen dem Ultental und dem Deutschnonsberg, und sie ist für den tüchtigen Berggeher ein überaus lohnendes Ziel mit einzigartiger Aussicht. Der Name des Berges ist von tieferer Lage heraufgewandert und stammt von den »Ilmen«, wie hier die Bergulmen in der Mundart genannt werden.

Der hier vorgeschlagene Aufstieg ist zwar lang, aber nicht schwierig. Er verläuft nordseitig und ist demnach nicht zu heiß, an köstlichem Bergwasser mangelt es nicht, und es gibt Einkehrmöglichkeit.

Zunächst steigen wir durch das waldreiche, unweit von St. Nikolaus in Ulten beginnende Auerbergtal zur gleichnamigen Alm mit ihrer gemütlichen Gastschenke auf.

Von dort geht es – mit Blick zu einer stäubenden Kaskade des Auerbergbachs – empor zur Waldgrenze, zu den Hütten der Seefeldalm und zum schönen Seefeldsee, wo wir noch ein-

Der Seefeldsee am Weg zur Ilmenspitze – im Hintergrund das Hasenöhrl

mal Rast einlegen, bevor der letzte Abschnitt des Aufstiegs angegangen wird, der die steile Westflanke des Berges erklimmt.

Auf dieser unserer Aufstiegsseite zeigt sich die Ilmenspitze zwar weniger stolz als etwa zur Ostseite hin, doch spätestens am Gipfel, wo ein Gipfelkreuz und ein Bildstock stehen, wird man sich angesichts der Höhe und der herrlichen Aussicht ihrer Bedeutung bewusst.

Wegverlauf: Von der Talstraße unterhalb von St. Nikolaus in Ulten (1266 m, Parkmöglichkeit, Wegweiser) stets der Markierung 18 folgend großteils auf dem alten Almweg, der den Güterweg abkürzt, an den orografisch rechten Hängen des Auerbergtales durch Nadelwälder hinauf zur Auerbergalm (1647 m; Jausenstation; ab Ausgangspunkt gut 1 Std.). Nun auf dem guten, stellenweise aber steilen Weg, der eine felsige Steilstufe umgeht, hinauf zur Waldgrenze, über die Seefeldalm zum Seefeldsee (2168 m) und auf dem markierten Bergsteig ostwärts über steindurchsetzte Grashänge großteils mittelsteil empor zum Gipfel der Ilmenspitze (2657 m; ab Auerbergalm 2½ – 3 Std.).
Der Abstieg erfolgt am besten über die beschriebene Aufstiegsroute.

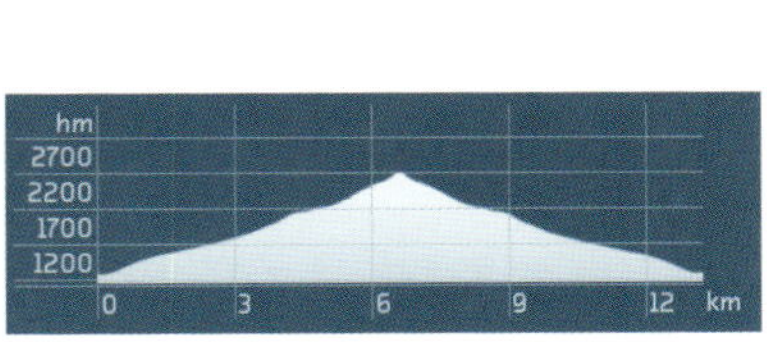

Die Ultner Hochwart mit dem flachen Westrücken – der übrige Aufstieg ist teilweise sehr steil.

Auf die Ultner Hochwart 2626 m

Der Anstieg über die Seegrubenalm

21

Die Tour im Überblick
Zoggler-Stausee – Seegrubenalm – Hochwart – retour
Orientierung und Schwierigkeit
Unschwierige Tour, die allerdings Gehtüchtigkeit und Bergerfahrung erfordert
Gehzeit
Aufstieg 4½ Std., Abstieg 3 Std.
Karten
1:50 000: Kompass, Blatt 53 (Meran) oder Blatt 052 (Ultental); Freytag-Berndt, Blatt S 1 (Bozen – Meran und Umgebung);
1:25.000: Tabacco, Blatt 042 (Ultental)

7–8 Std. | 12,3 km | 1501 Hm

Die Ultner oder St. Walburger Hochwart ist eine kühn aufragende, wenn auch nicht schwierig zu besteigende Felsgestalt. Der weit in das Etschtal hinausschauende Berg gehört zu den ausgeprägtesten Gipfeln im gesamten Kamm, der das Ultental südseitig begrenzt. Und er überragt, wenn auch nur um ein paar Meter, seinen Namensvetter im Norden, die Naturnser Hochwart.

Der Aufstieg beginnt am Südufer des Zoggler-Stausees in Ulten und führt als steiler, aber schattiger Waldweg zunächst zu den auf einer Hangverflachung gelegenen Hütten der Seegrubenalm, die eine erste lohnende Rastmöglichkeit in hübscher Umgebung bietet.

Dann steigt der Pfad weiter bergan zu einem steinernen Hirtenunterstand oberhalb der Waldgrenze, und zuletzt führen markierte Steigspuren über Blockwerk und sehr steiles Berggelände empor zum Westgrat und zum Gipfelkreuz.

Die Seegrubenalm am Aufstieg zur Ultner Hochwart

Dieser Aufstieg ist lang, steil und anstrengend, doch einigermaßen trainierte Berggeher werden ihn kaum langweilig finden, und der Lohn in Form des Erfolgserlebnisses und einer großartigen Aussicht ist dem Besteiger am Gipfel gewiss.

Wegverlauf: Vom Damm des Zoggler-Stausees (1126 m; 1,5 km westlich von St. Walburg in Ulten, Parkmöglichkeit) zuerst über die Dammkrone hinüber auf die gegenüberliegende Seite, dann auf dem breiten Seeweg ein gutes Stück westwärts zum Beginn des Steiges 20 und auf ihm großteils steil durch den Wald hinauf zur Seegrubenalm (1916 m; 2½ Std.). Von da auf dem Steig 20 empor zur Waldgrenze und zu einem steinernen Hirtenunterstand (ca. 2200 m, ab Alm ca. 1 Std.), weiterhin der Markierung folgend über einen Hangrücken und über sehr steiles Blockwerk empor zum Gipfelgrat und über ihn kurz und unschwierig zum Kreuz (2627 m; ab Seegrubenalm 2 Std.).

Abstieg: Grundsätzlich gibt es vom Gipfel aus mehrere Abstiegsmöglichkeiten, doch normalerweise wird der im Aufstieg benützten Route der Vorzug gegeben.

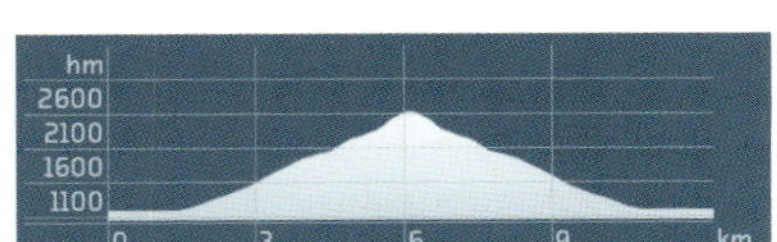

Ostseitig senkrechte Felsen, westseitig flache Grasböden – der Gipfelaufbau des Roèn

Auf den Roèn 2116 m

Von der Mendel zur Aussichtswarte über dem Unterland

22

Die Tour im Überblick
Mendel (Sessellift) – Halbweg – Roèn-Alm – Überetscher Hütte – Klettersteig – Roèngipfel – Roèn-Alm – Mendel
Orientierung und Schwierigkeit
Der Klettersteig erfordert absolute Schwindelfreiheit, Trittsicherheit und etwas Felserfahrung; Ungeübte sollten bei der Romeno-Alm den oben als Abstieg beschriebenen Normalweg einschlagen!
Gehzeit
Aufstieg 2½ Std., Abstieg 1½ Std.
Karten
1:50.000: Kompass, Blatt 54 (Bozen) und Blatt 74 (Tramin – Salurn – Cavalese); Freytag-Berndt, Blatt S 7 (Überetsch – Kalterer See – Südtiroler Unterland); 1:25.000: Tabacco, Blatt 049 (Südtiroler Weinstraße)

4 Std. | 10 km | 522 Hm

Der Roèn erhebt sich im südlichen Mendelkamm hoch über dem Weindorf Tramin. Er bricht ostseitig zwar mit breiter Felswand ab, weist westseitig aber im Gipfelbereich nur mittelsteile, mit Gras und Latschenkiefern bewachsene Hänge auf.

Seiner freien Lage verdankt er eine grandiose Aussicht, und berühmt ist aber auch die prächtige Alpenflora, die schon 1565 zur ersten nachgewiesenen Besteigung des 1528 als »Romeiner Perg« erwähnten Gipfels geführt hat.

Auf einem bewaldeten Absatz am Fuß der Ostflanke steht die 1912 von der damaligen Alpenvereinssektion Überetsch erbaute Überetscher Hütte, und von dieser führt ein für Geübte nicht schwieriger Klettersteig zum Gipfel. Weniger Geübten bietet sich hingegen der Normalweg über den Nordwesthang an, und am lohnendsten ist es, beide Routen miteinander zu verbinden. Diese letztgenannte Rundtour wird nachfolgend beschrieben.

Als Zugang zur Überetscher Hütte wählen wir die Route vom Mendelpass her, bei der wir uns des zur Halbweghütte

Die Überetscher Hütte unter der Ostflanke des Roèn

führenden Sesselliftes bedienen. Von besagter Hütte, einer waldumrauschten Berggaststätte, wandern wird dann zur Romeno- oder Roèn-Alm, wo sich die Wege teilen. Der leichtere, den wir für den Abstieg benützen, führt gleich bergwärts, wir aber queren zuerst auf breitem Wanderweg zur Überetscher Hütte und erklimmen dann den genannten Klettersteig.

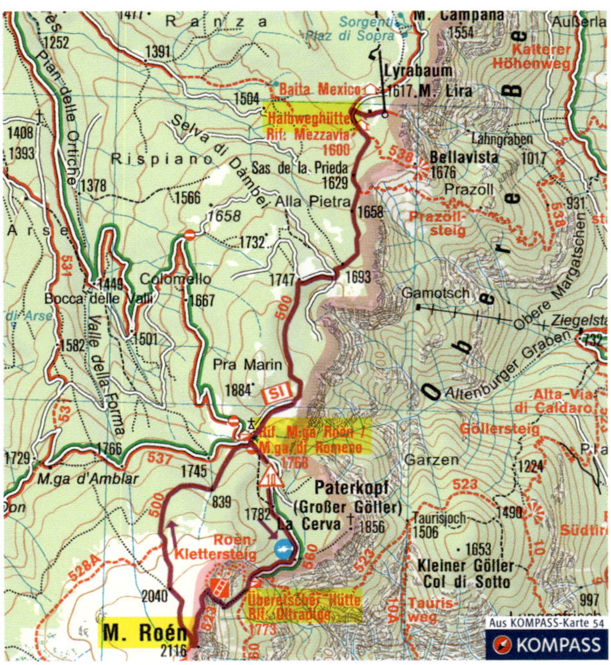

Wegverlauf: Anfahrt von Eppan oder Kaltern zum Mendelpass (1363 m), dann auf schmaler Straße (Schild »Roèn«) kurz südwärts zur Talstation der Sesselbahn (ca. 1370 m; Parkplätze) und mit dieser hinauf zur Bergstation (1600 m). Nun zum nahen Berggasthaus Halbweg (1594 m), auf dem Weg 500 durch Wald anfangs mittelsteil ansteigend und dann weitgehend eben zur Romeno- oder Roèn-Alm (1773 m; Ausschank; ab Halbweghütte gut 1 Std.) und links auf gutem Weg durch Wald eben weiter zur Überetscher Hütte (1775 m; Sommerbewirtschaftung; ab Halbweghütte knapp 1½ Std.).

Klettersteig zum Roèngipfel: Vom Schutzhaus der Beschilderung »Klettersteig« folgend ein Stück durch Wald hinauf, dann auf dem weiterhin markierten, teilweise sehr ausgesetzten, aber an heiklen Stellen gut gesicherten Klettersteig über die Dolomitfelsen empor zum sanft ansteigenden Nordrücken des Berges und südwärts auf problemlosem Steig zum Gipfel (2116 m; ab Hütte 1 Std.).

Abstieg: Vom Gipfel nordwest- bzw. nordwärts am mittelsteilen Hang auf zunehmend besser werdendem, markiertem Weg über freies Gelände, durch Latschenbestände und durch Wald hinunter zur Romeno-Alm und über die Zugangsroute zurück zum Ausgangspunkt; bei Liftbenützung 1½ Std.

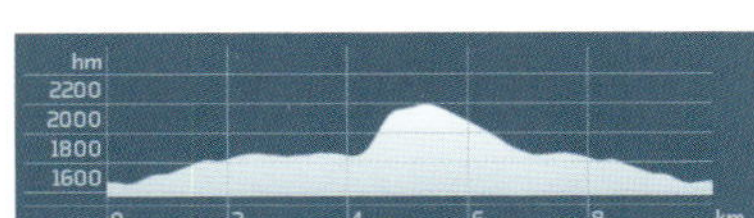

Das Gipfelkreuz auf der Seeblspitze mit Blick zum Sarntaler Mittelkamm

Auf die Seeblspitze 2343 m

Leichte Alm- und Gipfeltour im Sarntal

23

Die Tour im Überblick
Weißenbach – Taserklapfhütte – Seeblspitze – retour

Orientierung und Schwierigkeit
Für berg- und gehgewohnte Wanderer leicht und problemlos

Gehzeit
Aufstieg 3½ Std., Abstieg 2½ Std.

Karten
1:50.000: Kompass, Blatt 53 (Meran); Freytag-Berndt, Blatt S 4 (Sterzing – Jaufenpass – Brixen); 1:25.000: Tabacco, Blatt 040 (Sarntaler Alpen)

6 Std. | 16,4 km | 1005 Hm

Ausgangspunkt für diese etwas lange, aber in jeder Hinsicht leichte Wanderung ist das Dorf Weißenbach im innersten Sarntal, das man von Bozen eben durch das Sarntal oder von Sterzing über das Penser Joch erreichen kann. Von da zweigt ein kleiner Seitenast vom Haupttal ab, und dieser gabelt sich bald in die beiden Almtäler Unterberg und Oberberg.

Wir wenden uns ins erstgenannte, von einem Kranz markanter Gipfel umrahmte Almtal, durch das ein breiter, leicht ansteigender Weg neben dem rauschenden Bach zur malerischen Taserklapfhütte führt, die Einkehrmöglichkeit bietet.

Von da führt die markierte Route, meist Hirtenpfaden folgend, über blühende Weidehänge, auf denen Rinder und Pferde den Sommer verbringen, hinauf zu einer Hirtenhütte und weiter zum kleinen, aber hübschen Unterberger See, eben jenem »Seebl«, das unserem Gipfel den Namen gegeben hat.

Wenig später erreichen wir den Sattel zwischen dem 2331 Meter hohen Nordostgipfel und dem 2343 Meter hohen

Ein Blümchen namens Alpenfetthenne auf der Seeblspitze

Hauptgipfel mit dem 2009 errichteten Gipfelkreuz, den wir über den kurzen, grasbewachsenen Ostgrat mit wenigen Schritten erreichen.

Hier bietet sich ein umfassendes Panorama, das dank der zentralen Lage die gesamten Sarntaler Alpen überschauen lässt; und geradezu schwindelerregend ist der Blick hinunter auf das innere Sarntal mit seinen Häusern, Wiesen und Wäldern.

Wegverlauf: Von Weißenbach im hinteren Sarntal (1338 m, Gastbetriebe, Parkmöglichkeiten) nordwestwärts der Markierung 8/9 folgend (im ersten Teil schmale Straße) durch das Tälchen hinein bis zur Talgabel, hier links auf dem nicht zu verfehlenden Güterweg weiter, durch das idyllische Unterbergtal mäßig ansteigend hinan zur Taserklapfhütte (1825 m; Almschank; ab Weißenbach 2 Std.), hier links ab, dem Wegweiser »Seeblspitze« und der Markierung folgend teils auf Hirtenpfaden, teils auf Steigspuren hinauf zu einer Hirtenhütte (2026 m), über die Almböden weiter zum kleinen Unterberger See (2235 m), am Hang empor zum grasbewachsenen Gipfelgrat und rechts, westwärts, kurz und problemlos zum Gipfelkreuz (2343 m; ab Taserklapfhütte 1½ Std.).
Der Abstieg erfolgt über die Aufstiegsroute (insgesamt bis Weißenbach ca. 2½ Std.)

Das Sarner Weißhorn vom Zugangsweg aus

Auf das Sarner Weißhorn 2705 m

Tour mit kurzem Klettersteig vom Penser Joch aus

24

Die Tour im Überblick
Penser Joch – Sarner Weißhorn – retour
Orientierung und Schwierigkeit
Bis unter die Gipfelflanke leicht, von dort gesicherter Felssteig, der Trittsicherheit und Schwindelfreiheit erfordert
Gehzeit
Aufstieg 2½ Std., Abstieg 2 Std.
Karten
1:50.000: Kompass, Blatt 44 (Sterzing); Freytag-Berndt, Blatt S 4 (Sterzing – Jaufenpass – Brixen); 1:25.000: Tabacco, Blatt 040 (Sarntaler Alpen)

4 ½ Std. | 10,8 km | 491 Hm

Das Sarner oder Sarntaler Weißhorn gehört zu den bekanntesten, meistbestiegenen und schönsten Bergen Südtirols. Nach Osten und Westen zeigt sich der Berg als überaus elegantes Felshorn und wird daher manchmal als »Sarntaler Matterhorn« bezeichnet. Der Berg ist zwar überwiegend aus dunklem Gneis aufgebaut, verdankt seinen Namen aber einer hellen Dolomiteinlagerung.

Als Ausgangspunkt für die Besteigung wählen wir das Penser Joch, auf dem sich ein Berggasthof befindet, und folgen der Route, die von allen Anstiegen mit Abstand den geringsten Höhenunterschied aufweist und deshalb auch die bekannteste und meistbegangene ist.

Vom genannten Straßenübergang, den man entweder von Sterzing oder vom Sarntal herauf erreicht, verläuft der Zugang lange als geradezu bequemer, sonnige Berghänge querender Höhenweg, der zunächst am kleinen Penser-Joch-See und dann an den Steinwandseen vorbeiführt.

Das Gipfelkreuz auf dem Sarner Weißhorn

Am Geröllјoch freilich endet die problemlose Strecke. Denn nun erklimmt die mit Halteseilen versehene Route die äußerst steile Südflanke über ausgesetzte Grasstufen und Felsen, bevor der kurze, flache Gipfelgrat zum schmiedeeisernen Kreuz führt.

So bleibt die Besteigung des Weißhorns nur schwindelfreien und trittsicheren Berggehern vorbehalten, auch wenn der ungleich längere Teil des Anstiegs eine leichte Wanderung ist.

Wegverlauf: Vom Penser Joch (2214 m; Berggasthaus »Alpenrosenhof«; Straßenübergang zwischen Sterzing im oberen Eisacktal und Pens im Sarntal) stets der Markierung 12 A folgend auf zunächst breitem Weg westwärts zum kleinen Penser-Joch-See, von dort auf dem guten und gefahrlosen Bergsteig ein Stück bergan, dann mit geringen Höhenunterschieden die südexponierten Steilhänge querend westwärts zum Dolomitblockwerk oberhalb der Steinwandseen und kurz hinauf zum Geröllјoch; nun rechts ab, auf dem ausgesetzten, aber großteils gut mit Halteseilen versehenen Felssteig (stets Mark. 12 A) durch die felsige, sehr steile Südflanke des Berges ziemlich gerade empor zum Gipfelgrat und rechts mit wenigen Schritten zum Gipfelkreuz (2705 m; ab Penser Joch 2½ Std.).
Die Rückkehr zum Penser Joch erfolgt am besten über die beschriebene Route (ca. 2 Std.); aber auch der Abstieg nach Weißenbach ist möglich, allerdings unter dem Geröllјoch sehr steil.

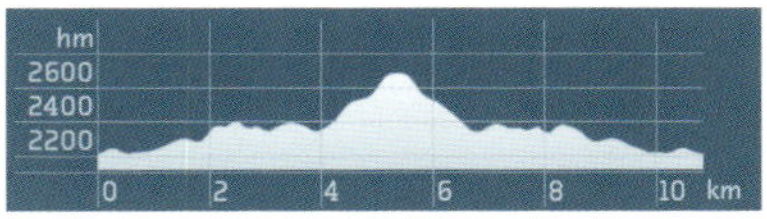

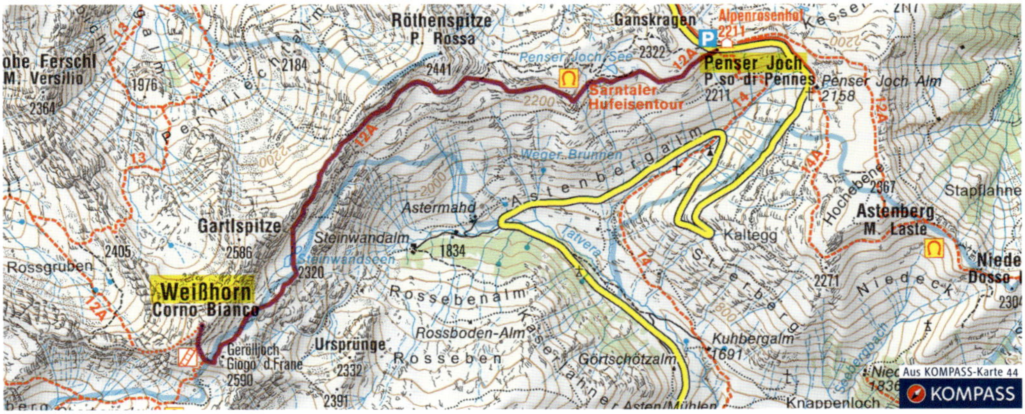

Das Gipfelkreuz auf dem Schrotthorn mit Blick zu den Dolomiten

Auf das Schrotthorn 2590 m

Von Durnholz über die Schalderer Scharte zum Gipfel

25

Die Tour im Überblick
Durnholz – Bachmannhof – Schalderer Scharte – retour
Orientierung und Schwierigkeit
Für gehgewohnte Bergwanderer unschwierige Gipfeltour
Gehzeit
Aufstieg knapp 3½ Std., Abstieg 2½ Std.
Karten
1:50.000: Kompass, Blatt 56 (Brixen); Freytag-Berndt, Blatt S 4 (Sterzing – Jaufenpass – Brixen); 1:25.000: Tabacco, Blatt 040 (Sarntaler Alpen)

5–6 Std. | 16,6 km | 1050 Hm

Das Schrotthorn ist einer der Hauptgipfel im mittleren Sarntaler Ostkamm. Nordseitig mit ihm verbunden ist die etwas niedrigere Leierspitze, die bei der hier empfohlenen Rundtour überschritten wird. Mit fast 2600 Metern Höhe ist das Schrotthorn aber auch der höchste Gipfel in der näheren Umgebung und bietet vor allem eine einmalige Schau auf die Dolomiten jenseits des Eisacktales.

Der von uns gewählte Anstieg beginnt am ebenso schönen wie bekannten Durnholzer See, führt an einigen der höchstgelegenen Sarntaler Höfe vorbei und folgt bis zur Schalderer Scharte dem uralten Jochweg, der hinüber nach Schalders und damit ins Eisacktal führt.

Dieser Weg ist dort, wo er ausgedehnte Almhänge quert, geradezu als bequem zu bezeichnen, und selbst der markierte Schlussanstieg, der von der Schalderer Scharte über den breiten, wenn auch etwas steilen Südhang zum großen Gipfelkreuz führt, ist problemlos zu bewältigen.

Blick zurück beim Abstieg – die Leierspitze im letzten Sonnenschein

Wegverlauf: Vom Parkplatz unterhalb Durnholz (1540 m) zum nahen Durnholzer See, auf dessen Uferstraße bis zu seiner Nordecke und rechts zum Beginn des Weges 5. Auf diesem am Hang hinauf zu einem Hof und zur Höfestraße, auf dieser kurz zum Bachmannhof und unmittelbar danach links ab. Weiterhin auf Weg 5 teils ansteigend, teils eben hinein zur Abzweigung des Steiges 4, auf diesem hinauf zur Schalderer Scharte (2329 m) und links weiter auf dem Bergsteig 4 über den teils grasbewachsenen, teils steinigen Südhang etwas steil, aber unschwierig in ¾ Std. empor zum Gipfelkreuz auf dem Schrotthorn (2590 m; ab Durnholz ca. 3½ Std.).
Empfohlener Abstieg: Vom Gipfel nordwärts der Markierung folgend über den Grat mit leichtem Abstieg und kurzem Gegenanstieg zur Leierspitze (2542 m), am felsigen Nordhang steil, aber nicht schwierig hinunter in die Pfannscharte (2381 m), links weiter der Markierung folgend auf Pfadspuren hinunter zur Feldwiesalm und auf dem im Aufstieg begangenen Weg zurück nach Durnholz (ab Schrotthorn 2½–3 Std.).

Ähnliches gilt dann auch für den Abstieg, der uns über eine gut markierte Route zur genannten Leierspitze und dann über Almhänge wieder hinunter auf den im Aufstieg begangenen Weg bringt, wodurch sich eine lohnende 2-Gipfel-Überschreitung ergibt.

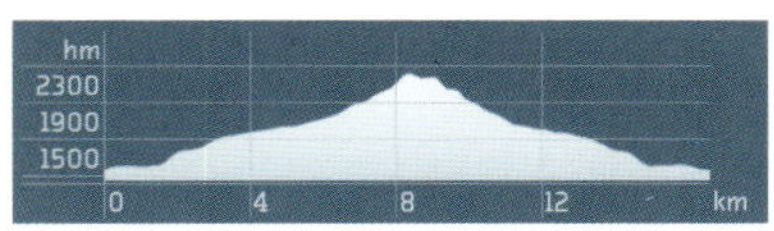

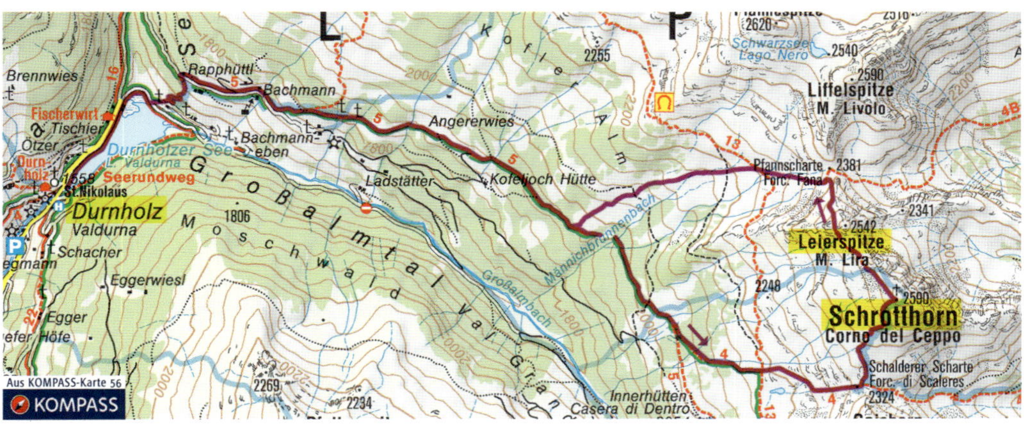

Das von Reinswald aus erreichbare Plankenhorn im Herzen der Sarntaler Alpen

Auf das Plankenhorn 2589 m

Von Reinswald zum aussichtsreichen Gipfel

26

Die Tour im Überblick
Reinswald – Pichlberg – Plankenhorn – Getrumsee – Getrumalm – Reinswald
Orientierung und Schwierigkeit
Für berg- und gehgewohnte Wanderer leicht und problemlos
Gehzeit
Aufstieg 2 Std., Abstieg 2½ Std.
Karten
1:50.000: Kompass, Blatt 56 (Brixen); Freytag-Berndt, Blatt S 1 (Bozen – Meran – Sarntal); 1:25.000: Tabacco, Blatt 040 (Sarntaler Alpen)

4 ½ Std. | 12,7 km | 439 Hm | 1097 Hm

Nordöstlich von Reinswald im Sarntal erhebt sich ein kleines Bergmassiv mit mehreren Erhebungen. Höchster dieser Gipfel ist das Plankenhorn, das aus dem rundlichen Südgipfel und dem etwas höheren, das weithin sichtbare Kreuz tragenden Hauptgipfel besteht.

Dank der Seilbahn, mit der man von Reinswald zum Pichlberg und damit bis in eine Höhe von 2150 Metern schweben kann, und auch dank einer markierten, das ganze Bergmassiv überschreitenden Route, die sich Getrum-Kammweg nennt, bildet das Plankenhorn ein lohnendes, unschwierig erreichbares Wanderziel.

Die genannte Kammroute führt zunächst hinauf zum sogenannten Sattele, einer ersten Erhebung mit einem Bergkreuz, dann folgt eine hübsche Kammwanderung in leichtem Auf und Ab, wobei man bereits das Plankenhorn als einladendes Gipfelziel vor sich hat. Dann noch ein etwas steilerer Aufstieg zum Südgipfel und ein kurzer Grat, und man steht beim Gipfelkreuz,

Gelber Augentrost am Weg zum Plankenhorn

wo die Aussicht den östlichen Bereich der Sarntaler Alpen kennenlernen lässt.

Vom Plankenhorn könnte man, sofern man schwindelfrei ist und ein paar ausgesetzte, mit fixen Seilen versehene Felspassagen nicht scheut, weiter dem sogenannten Kammweg folgen, kürzer und etwas leichter ist hingegen der hier empfohlene Abstieg zum schönen Getrumsee, von wo, vorbei an der bekannten Gastschenke, der Getrumalm, wieder nach Reinswald zurückgekehrt wird.

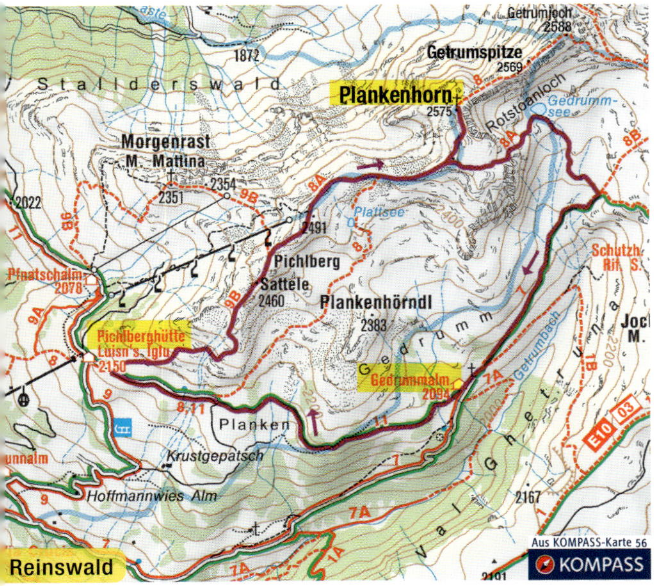

Wegverlauf: Von Reinswald im Sarntal (1492 m) mit der Umlaufbahn hinauf zum Pichlberg (2150 m, Gaststätte). Dann auf Weg 11 (Naturerlebnispfad »Urlesteig«) kurz ostwärts zur Abzweigung des Getrum-Kamm-Weges (Mark. 9 B) und auf diesem am Grashang problemlos hinauf zum Sattele, einer Erhebung mit Kreuz (2460 m, ab Bergstation knapp 1 Std.). Von dort kurz hinab in ein Jöchl und eine sanfte Anhöhe überschreitend zu einer weiteren Senke (ca. 2450 m); nun über einen steinigen Rücken hinauf zum Vorgipfel des Plankenhorns (2575 m, verschiedene Wegweiser) und nach einer flachen Mulde über den nahezu waagrechten, etwas felsigen Verbindungsgrat problemlos hinaus zum Hauptgipfel mit dem Kreuz (2589 m; ab Ausgangspunkt knapp 2 Std.).

Abstieg: Entweder über den beschriebenen Zugangsweg oder aber – sofern man nicht weiter dem Kamm ostwärts folgen will (gesicherte Felspassagen) – zurück zum Vorgipfel, auf Steig 8 A südostwärts teilweise in steilem Zickzack hinunter zum Getrumsee (2368 m), weiter auf Steig 8 A zum breiten Weg 7, auf diesem in leichtem Abstieg hinaus zur Getrumalm (2094 m; Gastschenke, ab Gipfel knapp 1½ Std.) und auf dem Naturerlebnispfad »Urlesteig« zurück zur Kabinenbahn (knapp 1 Std.).

Abstiegsalternative ab Getrumalm: auf dem breiten Weg 7 oder auf dem Steig 7 A (Naturerlebnispfad »Urlesteig«) dem Getrumbach entlang hinunter nach Reinswald (gut 2½ Std.).

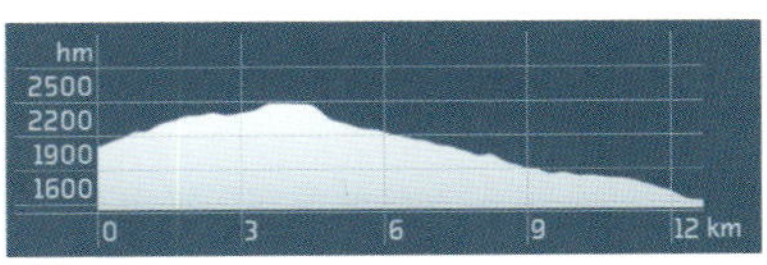

Von der Leiterspitze im Sarntal aus schweift der Blick weit nach Süden.

Auf die Leiterspitze 2375 m

Von Astfeld im Sarntal zum beliebten Gipfel

27

Die Tour im Überblick
Astfeld – Mesnerhof – Genterer Alm – Leiterspitze – retour
Orientierung und Schwierigkeit
Für ausdauernde Geher leichte und problemlose Tour
Gehzeit
Aufstieg 4 Std., Abstieg 2½–3 Std.
Karten
1:50.000: Kompass, Blatt 56 (Brixen); Freytag-Berndt, Blatt S 4 (Sterzing – Jaufenpass – Brixen); 1:25.000: Tabacco, Blatt 040 (Sarntaler Alpen)

6–7 Std. | 16,1 km | 1351 Hm

Die Leiterspitze im Sarntal erhebt sich nördlich über Astfeld als schöne, pyramidenförmige Berggestalt. Durch ihre zentrale Lage ist sie ein landschaftsbeherrschender Berg, außerdem auch ein formschöner, ausgeprägter, von den benachbarten Erhebungen gut abgesetzter Gipfel, der ein stattliches Holzkreuz trägt.

Die Aufstiegsroute ist lang und teilweise steil, aber doch auch abwechslungsreich. Der Weg führt am freskengeschmückten St.-Valentin-Kirchlein beim Mesnerhof vorbei, es geht durch schöne Waldungen, man überquert die flachen Lichtungen mit dem seltsamen Namen »Auf der Katz«, und zwischen dem Wald und dem eigentlichen Gipfelaufbau breiten sich die Grashänge der Genterer oder Gentersbergalm mit ihrer bekannten Gastschenke aus.

Die Genterer Alm am Weg zur Leiterspitze

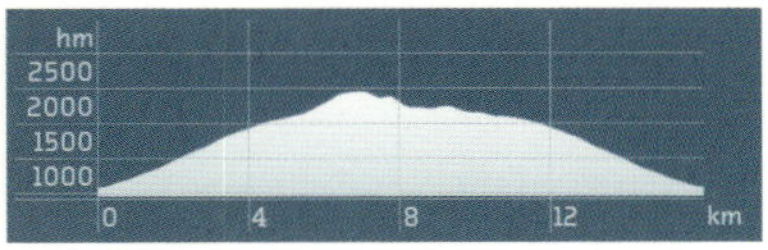

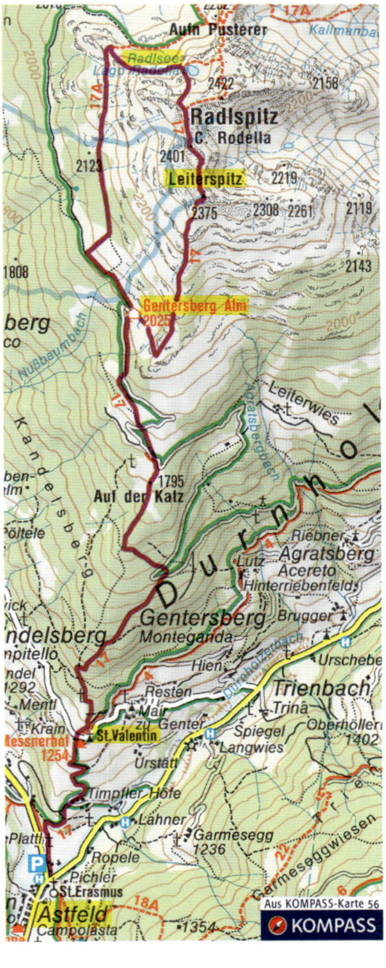

Sind wir dann am Gipfel angelangt, schauen wir hinunter bis zu den Trentiner Bergen und hinüber zu den Dolomiten, während uns etwas näher die Gipfel der Sarntaler Alpen umstehen. Und sollten wir nicht zu müde sein, machen wir vielleicht sogar noch einen Abstecher zur Radlspitze und folgen der Markierung, die uns hinunter zum idyllischen Radlsee und auf einem unteren Steig wieder zurück zur genannten Alm bringt.

Wegverlauf: Von Astfeld (1024 m) stets der Markierung 17 folgend zuerst hinein zum Winklerhof und am Hang in ¾ Std. hinauf zum Mesnerhof beim St.-Valentin-Kirchlein (1254 m; Jausenstation; hierher auch mit dem Auto möglich); nun großteils im Wald steil hinauf zu den flacheren Lichtungen mit dem Namen »Auf der Katz« und mäßig steil zur Genterer Alm (2045 m; Ausschank; ab Astfeld knapp 3 Std.). Schließlich über den großteils begrasten, im oberen Teil steinigen Südrücken der Leiterspitze mittelsteil empor zum Gipfel (2375 m; ab Genterer Alm 1 Std.).
Abstiegsalternative: Über den Radl- oder Gentersee – von der Leiterspitze auf markierter Route über den zur Radlspitze ziehenden Grat bis zum links abzweigenden, ebenfalls markierten Pfad (von da kurzer Abstecher auf die 2422 m hohe Radlspitze; lohnend), auf diesem über Geröll hinunter zum See (2298 m, ab Leiterspitze ca. ½ Std.), von dessen Südrand auf markiertem Steig über Blockwerk hinunter zur Latschenzone und die Hänge südwärts querend zurück zur Alm; schließlich wie im Aufstieg hinunter zum Ausgangspunkt.

Flaggersee, Marburger Hütte und Jakobsspitze

Auf die Jakobsspitze 2742 m

Von Durnholz über die Marburger Hütte zum Gipfel

28

Die Tour im Überblick
Durnholz – Seebalm – Marburger Hütte – Jakobsspitze – retour
Orientierung und Schwierigkeit
Für einigermaßen geübte und gehgewohnte Bergwanderer unschwierig; die erwähnte gesicherte Felspassage aber sehr steil
Gehzeit
Aufstieg 3½–4 Std., Abstieg 2½ Std.
Karten
1:50.000: Kompass, Blatt 56 (Brixen); Freytag-Berndt, Blatt S 4 (Sterzing – Jaufenpass – Brixen); 1:25.000: Tabacco, Blatt 040 (Sarntaler Alpen)

6–7 Std. | 15 km | 1202 Hm

Die Jakobsspitze ist der vierthöchste Gipfel der gesamten Sarntaler Alpen und der höchste des Sarntaler Ostkammes. Und das bedeutet, dass sie eine Aussichtswarte ersten Ranges ist. Zudem ist sie nicht schwierig ersteigbar, und am meistbegangenen Weg über die Nordseite liegt der hübsche Flaggersee mit der Marburg-Siegener-Hütte, die allgemein als Marburger Hütte bekannt ist.

Zu der 1914 von den Alpenvereinssektionen Marburg und Siegerland erbauten Schutzhütte führt von Mittewald im Eisacktal herauf ein landschaftlich schöner, allerdings sehr langer Zugang, wesentlich kürzer ist hingegen der hier vorgeschlagene Weg, der auf der Sarntaler Seite vom Durnholzer See durch das Seebbachtal und vorbei an der gleichnamigen Alm ansteigt.

Hat man den Aufstieg zur Marburger Hütte hinter sich, wird durch die Westflanke der Lorenzenspitze und über den Nordrücken des Hauptberges in einstündigem Anstieg der ersehnte Gipfel mit dem Kreuz erreicht.

Der Gipfelaufbau der Jabobsspitze

Wann der Berg erstmals bestiegen wurde, ist unbekannt, aber es geschah wohl schon sehr früh durch Hirten oder Gämsjäger. Die erste sogenannte »touristische« Besteigung hingegen erfolgte im Sommer 1880 durch Julius Pock zusammen mit dem berühmten Ludwig Purtscheller, für den die Jakobsspitze eine von rund 1700 Gipfelbesteigungen war.

Wegverlauf: Vom Parkplatz unterhalb Durnholz (1540 m) auf schmaler, für den allgemeinen Autoverkehr gesperrter Straße kurz hinauf zum Durnholzer See, links bis zu Straßengabel, erneut links der Markierung 16 folgend zuerst auf der Höfestraße und dann auf breitem Güterweg nordostwärts durch das Seebbachtal hinein zur Seebalm (1803 m, Ausschank; ab Ausgangspunkt 1 Std.), dann weiterhin auf dem Weg 16 zur Baumgrenze und nach ebener Querung einer Latschenzone über steinige Hänge hinauf zur Flaggerscharte und zur nahen Marburger Hütte am Flaggersee (2481 m, Sommerbewirtschaftung; auch als Flaggerschartenhütte in manchen Karten; ab Durnholz 2½–3 Std.).
Weiter zur Jakobsspitze: Vom Schutzhaus zurück zur nahen Flaggerscharte und auf dem markierten Steig südwärts über Geröll, Schrofen (eine Felspassage ist mit Drahtseil gesichert) und Blockwerk großteils steil empor zum Gipfel (2742 m; ab Hütte 1 Std.).
Der Abstieg erfolgt am besten über die Aufstiegsroute (auch die stellenweise etwas ausgesetzte Route über den scharfen Westgrat ist markiert).

Die Gipfelpyramide der Karspitze von unserer Aufstiegsroute aus

Von Spiluck auf die Karspitze 2517 m

Prächtiger Gipfel hoch über Vahrn

29

Die Tour im Überblick
Gostnerhof in Spiluck – Zirmaitalm – Karspitze – retour
Orientierung und Schwierigkeit
Für einigermaßen berggewohnte Geher unschwierig
Gehzeit
Aufstieg 3–3½ Std., Abstieg knapp 2½ Std.
Karten
1:50.000: Kompass, Blatt 56 (Brixen); Freytag-Berndt, Blatt S 4 (Sterzing – Jaufenpass – Brixen); 1:25.000: Tabacco, Blatt 030 (Brixen – Villnöß)

5–6 Std. | 10,3 km | 1137 Hm

Die Karspitze ist ein formschöner Berg, der über Spiluck bei Vahrn mit steiler Felsflanke und zwei scharf gezeichneten Begrenzungsgraten frei und weithin sichtbar in den Himmel ragt. Ihren Namen hat sie von dem darunterliegenden großen Kar erhalten.

Der nachfolgend beschriebene »klassische« Anstieg, der kürzer ist als die Routen von Franzensfeste und Schalders herauf, beginnt im genannten Bergweiler Spiluck. Über die kleine, unbewirtschaftete Steinwiesalm geht es zuerst zur hübschen, Einkehrmöglichkeit bietenden Zirmaitalm, bald darauf zu den letzten Zirben und Lärchen, und schließlich folgt die Markierung dem unschwierig zu begehenden Südostgrat zum Gipfel mit dem großen Kreuz und dem prächtigen Dolomitenblick.

Dort findet sich auf einem Stein die Aufschrift »Pock« und mit ihr ein kleines Stück Alpingeschichte. Denn es war der Inns-

Die Zirmaitalm am Aufstieg von Spiluck zur Karspitze mit Blick zu den Pustertaler Bergen

brucker Bergsteiger Julius Pock, der gegen Ende des 19. Jahrhunderts die erste touristische Besteigung verschiedener Gipfel in den Sarntaler Alpen durchführte, sich dabei mit schwarzer Farbe verewigte und anschließend in der Alpinliteratur darüber berichtete.

Dadurch machte er auch solche Berggebiete und Gipfel bekannt, die von den großen Bergsteigern jener Zeit links liegen gelassen wurden; und zu diesen gehörten eben auch die Sarntaler Alpen und unsere Karspitze.

Wegverlauf: Vom Gostnerhof in Spiluck (1380 m; Gasthaus; hierher Straße von Vahrn herauf) stets der Markierung 2 folgend anfangs auf dem breiten Forstweg, dann auf dem Fußpfad durch Wald westwärts hinauf zur kleinen, unbewirtschafteten Steinwiesalm (1537 m) und weiterhin auf dem Fußweg 2 teilweise steil durch Wald hinauf zur Zirmaitalm (1891 m, Ausschank; ab Spiluck knapp 1½ Std.). Nun auf dem Steig 2 über schütter bewaldetes Gelände im Linksbogen hinauf zur Baumgrenze und zu einer Geländeschulter, bei Wegweisern rechts ab und über den langen Südostrücken der Karspitze (stets gute Mark. 2) teils mäßig, teils stärker ansteigend hinauf zum Gipfel (2517 m; ab Spiluck 3–3½ Std.).
Der Abstieg erfolgt am besten auf dem Anstiegsweg (knapp 2½ Std.)

Am Weg zur Königsangerspitze: Der Radlsee mit dem gleichnamigen Schutzhaus und dem Blick zur Geislergruppe

Auf die Königsangerspitze 2436 m

Hausberg der Radlseehütte bei Brixen

30

Die Tour im Überblick
Perlungerhof – Radlseehaus – Königsangerspitze – retour
Orientierung und Schwierigkeit
Für einigermaßen geh- und berggewohnte Wanderer leicht und problemlos
Gehzeit
Aufstieg 3–3½ Std., Abstieg 2½ Std.
Einkehrmöglichkeiten
Im Radlseehaus
Karten
1:50.000: Kompass, Blatt 56 (Brixen); Freytag-Berndt, Blatt S 4 (Sterzing – Jaufenpass – Brixen); 1:25.000: Tabacco, Blatt C30 (Brixen – Villnöß)

5–6 Std. | 11,9 km | 1056 Hm

Die den Sarntaler Alpen angehörende Königsangerspitze erhebt sich, mit ein paar niedrigeren Erhebungen einen kleinen Bergstock bildend, westlich über dem Brixner Becken; nordseitig bricht sie steil ins Schalderer Tal ab, südseitig dehnen sich weite Almhänge aus.

Ostseitig und damit an der nachfolgend beschriebenen Aufstiegsroute, ist unter dem Gipfel der Radlsee eingebettet, mit seinem Dolomiten-Spiegelbild einer der schönsten Südtiroler Bergseen. Aufgrund dieser besonderen Lage entstand in dessen Nähe bereits 1912 eine erste Schutzhütte als Vorläuferin des heutigen, 1956 vom Südtiroler Alpenverein erbauten Radlseehauses.

Wer den zweieinhalbstündigen Aufstieg vom Bergweiler Gereut zum See hinter sich gebracht und vielleicht im Schutzhaus Zwischenrast eingelegt hat, für den ist der noch verbleibende Teil des Aufstiegs kein Problem mehr; denn das Gipfelkreuz der Königsangerspitze, das da auf See und Hütte

Die Königsangerspitze unter dem Sonnenstern

hinabschaut, liegt nur 150 Meter höher als die Hütte und der gut halbstündige Aufstieg erfolgt auf einem absolut unschwierigen Steig.

Und hat man dann auch dies geschafft, erkennt man, dass der bestiegene Gipfel hinsichtlich der Aussicht eine wahrhaft »königliche« Spitze ist – was übrigens schon den Menschen in grauer Vorzeit nicht unbekannt war, wie prähistorische Funde zu erkennen geben.

Wegverlauf: Anfahrt von Brixen über Tils bis zu einem Parkplatz nahe dem Perlungerhof (1380 m). Von da nun zu Fuß stets der Markierung 8 folgend teils auf breitem Forstweg, teils auf schmalen Fußwegen in mäßiger bis mittelstarker Steigung durch Nadelwälder und vorbei an der Kompatschwiese hinauf zur Baumgrenze und weiter bergan zum Radlsee, in dessen Nähe das Radlseehaus steht (2284 m; Sommerbewirtschaftung; ab Ausgangspunkt 2½–3 Std.). Vom Schutzhaus nun auf dem Steig 7 durch steinige Grashänge und über den unschwierigen Gipfelgrat in ½ Std. hinauf zum Gipfelkreuz der Königsangerspitze (2436 m). Der Abstieg erfolgt über die beschriebene Aufstiegsroute in gut 2 Std.

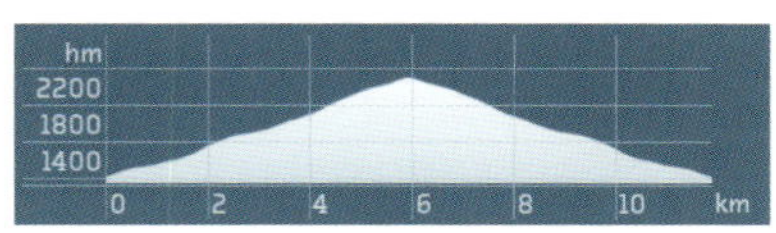

Der Gipfel der Kassiansspitze – im Hintergrund die Geislergruppe

Auf die Kassiansspitze 2581 m

Gipfeltour bei Latzfons im Eisacktal

31

Die Tour im Überblick
Latzfons / Kühhof – Klausner Hütte – Latzfonser Kreuz – Kassiansspitze – retour
Orientierung und Schwierigkeit
Für berg- und gehgewohnte Wanderer leichte und problemlose Tour
Gehzeit
Aufstieg 3½ Std., Abstieg 2½ Std.
Karten
1:50.000: Kompass, Blatt 56 (Brixen); Freytag-Berndt, Blatt S 1 (Bozen – Meran – Sarntal); 1:25.000: Tabacco, Blatt 030 (Brixen – Villnöß)

6 Std. | 14,8 km | 1031 Hm

Die Kassiansspitze bildet den Hauptgipfel eines kleinen Bergmassivs im Sarntaler Ostkamm nordwestlich über dem Klausner Raum. Benannt ist der Gipfel nach dem heiligen Kassian, dem Brixner Diözesanpatron, dessen Verehrung ganz besonders im frühen 18. Jahrhundert vom damaligen Fürstbischof Kaspar Ignaz von Künigl gefördert und verbreitet wurde.

Für unsere Tour auf die Kassiansspitze wählen wir die beliebte Route, die am Kühhof oberhalb Latzfons beginnt und über die Klausner Hütte und das Latzfonser Kreuz zum Gipfel führt. Dies ist ein anfangs geradezu bequemer Weg, der bis zur Klausner Hütte schattige Wälder und sonnige Bergwiesen durchquert. Dann geht es großteils etwas steiler bergan zum neugotischen, 1868 erbauten Bergkirchlein zum Latzfonser Kreuz mit der nahen Schutzhütte.

Von dort erfolgt der einstündige Aufstieg zum Gipfel der Kassiansspitze. Am stellenweise ziemlich steilen Fußpfad, der teils über Bergrasen, teils über Blockwerk führt, liegt der hübsche Kassianssee.

Das Kirchlein zum Latzfonser Kreuz (unweit davon die gleichnamige Schutzhütte) am Weg zur Kassiansspitze

Beim Gipfelkreuz angelangt, haben wir einen rund vierstündigen Marsch hinter uns. Aber die Mühe hat sich gelohnt. Denn die Kassiansspitze gehört zu den aussichtsreichsten Gipfeln weitum, und der Anstieg über Klausner Hütte, Latzfonser Kreuz und Kassiansee ist reich an Abwechslung und vielfältigen Eindrücken.

Wegverlauf: Anfahrt nach Latzfons und weiter zum Parkplatz nahe dem Kühhof (1550 m). Von da nun stets der Markierung 1 folgend auf breitem Weg anfangs großteils eben oder leicht auf und ab, später dann mäßig bis mittelstark ansteigend in langer Querung der Waldhänge und Bergwiesen zur Klausner Hütte (1919 m, bewirtschaftete Schutzhütte; ab Kühhof 1½ Std.). Von da auf dem breiten Weg 1 zwischen Latschen hinauf zur Runggerer Saltnerhütte, hinein ins Plankental und dann großteils mittelsteil hinauf zur Kirche und Schutzhütte Latzfonser Kreuz (2311 m; Sommerbewirtschaftung; ab Klausner Hütte gut 1 Std.). Nun kurz westwärts zu Wegteilung, rechts dem Wegweiser »Kassiansspitze« folgend auf markiertem Steig über Gras- und Blockgelände zuerst leicht, dann stärker ansteigend empor zum Kassiansee, auf dem Steig 17 steil empor zu einer Gratsenke und rechts über den grasbewachsenen Grat nur leicht ansteigend zum Gipfelkreuz (2581 m; ab Latzfonser Kreuz knapp 1 Std.).
Abstieg: Über die beschriebene Aufstiegsroute (ca. 2½ Std.).

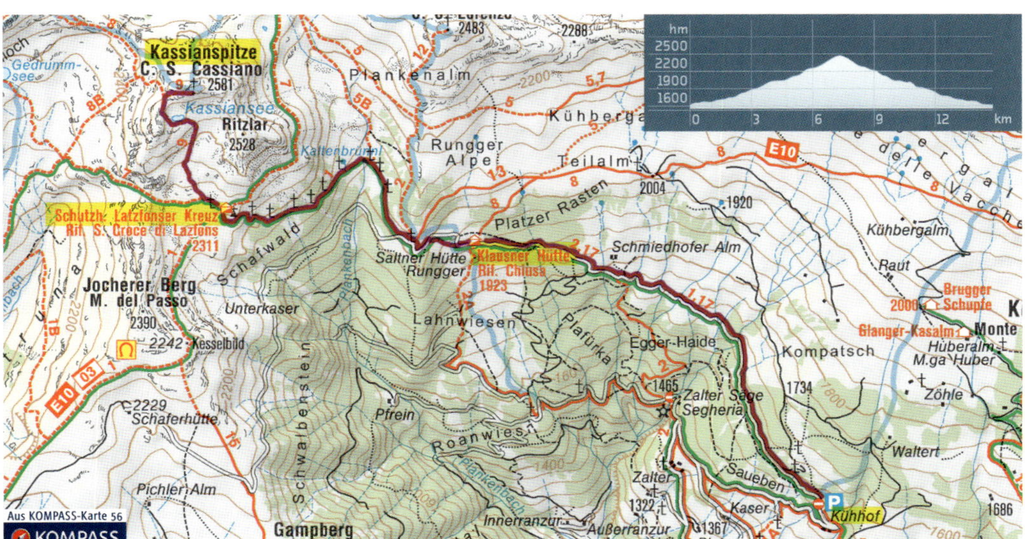

Das Gipfelkreuz auf dem Villanderer Berg – im Hintergrund die Sarntaler Alpen

Auf den Villanderer Berg 2509 m

Aufstieg über Pfroderalm, Totenkirchl und Totensee

32

Die Tour im Überblick
Gasserhütte – Pfroderalm – Totenkirchl – Villanderer Berg – retour
Orientierung und Schwierigkeit
Für gehund berggewohnte Wanderer unschwierige Tour
Gehzeit
Aufstieg 3 Std., Abstieg 2 Std.
Karten
1:50.000: Kompass, Blatt 56 (Brixen); Freytag-Berndt, Blatt S 1 (Bozen – Meran – Sarntal); 1:25.000: Tabacco, Blatt 040 (Sarntaler Alpen)

5 Std. | 14,6 km | 765 Hm

Abgesehen vom Rittner Horn ist der Villanderer Berg der südlichste größere Berggipfel im Sarntaler Ostkamm. Zusammen mit der südwestlich vorgelagerten, etwas niedrigeren Sarner Scharte zeigt der Berg seine Schauseite nach Westen, zum Sarntal hin, wo er mit mächtigen, senkrechten Porphyrwänden abbricht.

Nach Osten, gegen das Eisacktal hin, senkt sich der Berg hingegen nur leicht fallend zu den Barbianer und Villanderer Almen ab, und auf dieser Seite führt auch der leichteste Anstieg zum hohen Gipfelkreuz.

Den mit 1744 Metern ziemlich hoch gelegenen Ausgangspunkt für diese Wanderung bildet die Gasserhütte am Rand der Villanderer Alm. Für den Aufstieg schlage ich hier jene abwechslungsreiche Route vor, die zuerst über die weiten Villanderer Almböden zur Hütte der Pfroderalm führt, wo Einkehrmöglichkeit besteht. Dann geht es hinauf zur hohen Bergkapelle »Am Toten«, die meist einfach Totenkirchl genannt wird, weiter zum

Das Stängellose Leimkraut bildet blütenreiche Polster am Weg zum Villanderer Berg.

einsamen Totensee von dort zum Gipfel, der eine wirklich unvergleichliche Aussicht und einzigartige Tiefblicke auf die Sarntaler Höfelandschaft schenkt.

Beim Abstieg verzichten wir dann auf den Besuch von See, Kapelle und Almschenke und wählen einen etwas kürzeren Weg, wodurch die Tour zu einer prächtigen Rundwanderung wird.

Wegverlauf: Anfahrt von Klausen über Villanders zur Gasserhütte (1744 m; Gaststätte); von da stets der Markierung 6 folgend auf breitem Weg mit Kreuzwegstationen zuerst zur Moar-in-Plun-Hütte (1860 m, Gaststätte) und dann leicht ansteigend durch Almwiesen zur Pfroderalm (2130 m; Ausschank; ab Gasserhütte knapp 1½ Std.). Nun mittelsteil hinauf zum Totenkirchl (2186 m), links nahezu eben in 10 Minuten zum Totensee (2208 m), von dort, weiterhin der Markierung folgend, am Grashang steil empor zum Ostrücken, über ihn auf Steig 2 leicht ansteigend zu einem schwach ausgeprägten Vorgipfel und kurz weiter zum Hauptgipfel mit dem Kreuz (2509 m; ab Pfroderalm knapp 1½ Std.). Empfohlener Abstieg: Vom Gipfel über den Ostrücken hinunter bis zum weithin sichtbaren Rittner Bildstock, hier links auf Steig 1 hinunter und hinüber zu dem im Aufstieg benützten Weg 6 und auf diesem wieder zurück zur Gasserhütte (ab Gipfel knapp 2 Std.).

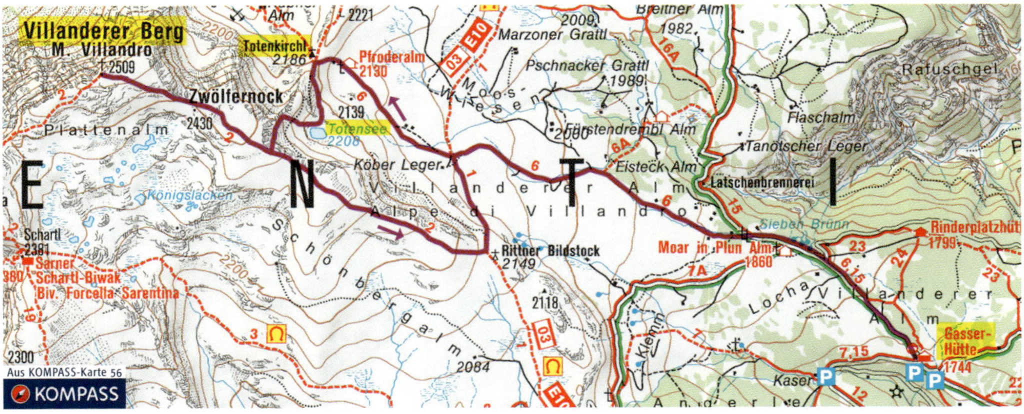

Das Aldeiner Weißhorn über der Gurndinalm

Auf das Aldeiner Weißhorn 2317 m

Gipfelrundtour am Westrand der Dolomiten

33

Die Tour im Überblick
Jochgrimm – Weißhorn – Gurndinalm – Jochgrimm
Orientierung und Schwierigkeit
Für geh- und berggewohnte Wanderer leichte und problemlose Gipfelrundtour
Gehzeit
Aufstieg 1½ Std., Abstieg 1½ Std.
Karten
1:50.000: Kompass Blatt 74 (Tramin – Salurn – Cavalese); Freytag-Berndt, Blatt S 7 (Überetsch – Südtiroler Unterland); 1:25.000: Tabacco, Blatt 029 (Schlern – Rosengarten – Latemar – Regglberg)

3 Std. | 5,7 km | 365 Hm

Zusammen mit dem Schwarzhorn bildet das Weißhorn ein weithin sichtbares, der Latemargruppe und damit den Dolomiten vorgelagertes Gipfelpaar. Zwischen beiden Bergen, die von tüchtigen Gehern auch gut in einem Zuge bestiegen werden können, liegt das sagenumwobene Jochgrimm, ein weiter Wiesensattel mit Zufahrtsstraße und Gasthof.

Im Gegensatz zum Schwarzhorn, das aus vergleichsweise dunklem Porphyr aufgebaut ist, besteht der Gipfelaufbau des Weißhorns aus hellem Dolomit – wohl mit ein Grund für seine Beliebtheit als Tourenziel.

Vom Jochgrimm führt der Anstieg ein Stück auf gepflastertem Weg durch sonnige Bergwiesen. In den darauf folgenden Latschenfeldern und in den Gipfelfelsen wird das Steigen dann etwas beschwerlicher, aber die Tour ist für etwas berggewohnte Wanderer dennoch unschwierig und mit einer Gehzeit von knapp anderthalb Stunden auch relativ kurz.

Das Weißhorn von unserer Abstiegsroute aus

Am Gipfelkreuz erwartet uns eine unvergleichliche Aussicht, die einen großen Teil der Täler und Berge Südtirols und des Trentino umfasst. Und atemberaubend ist der Tiefblick in den »Canyon« des Bletterbaches mit seinen geologischen Aufschlüssen.

Für den Abstieg wählen wir den Steig, der zuerst am Rand dieser Aufschlüsse verläuft und dann in schöner Waldquerung zur Gurndinalm bringt, wo wir Rast und Einkehr halten, bevor wir in hübschem Spaziergang wieder zum Jochgrimm zurückkehren.

Wegverlauf: Anfahrt durch das Eggental zum Lavazé-Joch und weiter zum Jochgrimm (1989 m; Gastbetriebe). Von da stets der Beschilderung »Weißhorn« auf nicht zu verfehlendem, gut markiertem Fußpfad zuerst durch Grashänge, dann durch Latschenbestände und zuletzt kurz in der Felszone durchwegs mittelsteil und unschwierig hinauf zum Gipfel (2317 m; ab Jochgrimm 1–1½ Std.). Empfohlener Abstieg: Vom Gipfelkreuz ganz kurz über die Aufstiegsroute hinab zu Wegteilung, hier rechts ab, auf Steig 12 kurz in den Felsen und dann am Südrand der geologischen Aufschlüsse über den Westrücken des Weißhorns hinunter zu Weggabel mit Rastbank, hier links ab, dem Wegweiser »Gurndinalm« folgend durch Latschen und Wald südwärts zu den Almwiesen und kurz hinab zur Gurndinalm (1952 m, Ausschank); von dort in knapp 20 Minuten auf fast ebenem Fahrweg zurück zum Jochgrimm; ab Gipfel knapp 2 Std.

Die Eggentaler Rotwand von Westen gesehen – links der Vajolonpass, über den der Aufstieg erfolgt

Auf die Eggentaler Rotwand 2806 m

Prachtberg in der südlichen Rosengartengruppe

34

Die Tour im Überblick
Feriensiedlung Karersee – Paolinahütte – Rotwand – retour
Orientierung und Schwierigkeit
Für bergerfahrene, trittsichere und schwindelfreie Geher mit etwas Klettersteigerfahrung bei guten Verhältnissen nicht schwierig; Klettersteigausrüstung nicht unbedingt notwendig
Gehzeit
Aufstieg 2½ Std. Std., Abstieg 1½ Std.
Karten
1:50.000: Kompass, Blatt 54 (Bozen); Freytag-Berndt, Blatt S 1 (Bozen – Meran – Sarntal) und Blatt S 5 (Gröden – Cortina – Marmolada); 1:25.000: Tabacco, Blatt 05 (Gröden – Seiser Alm)

4 Std | 6,2 km | 681 Hm

Mit ihrer ebenmäßigen Gipfelform und der mauerglatten, gelbroten Westwand, die dem Berg den Namen gegeben hat, ist die Rotwand – zur Unterscheidung gleichnamiger Berge in anderen Gebieten auch als Eggentaler Rotwand bekannt – einer der schönsten Berge der ganzen Rosengartengruppe.

Neben einer Reihe extrem schwieriger Kletterrouten besitzt der Berg auch zwei leichtere Anstiege, und zwar einen über den Nordrücken und einen über die Südostseite. Diese beiden Routen sind mit Halteseilen und kurzen Eisenleitern versehen und können daher von jedem einigermaßen klettersteigerfahrenen Berggeher begangen werden.

Der hier vorgeschlagene nordseitige Klettersteig folgt dem alten Normalweg, einer teilweise ausgesetzten, alles in allem aber schon früher nicht besonders schwierigen Felsroute.

Geübten und selbstständigen Steigern kann zwar auch der Abstieg zur Rotwand(Ostertag)hütte über den Klettersteig der Südostseite empfohlen werden, wer aber auf Nummer sicher

Das Gipfelkreuz auf der Rotwand mit Blick zu den Fassaner Bergen

gehen will, folgt besser der bereits vertrauten und auch etwas leichteren Aufstiegsroute.

Abschließend sei noch darauf hingewiesen, dass die Rotwand zu den am häufigsten bestiegenen Bergen der Dolomiten gehört und deshalb an schönen Sommertagen mit erheblichem Andrang gerechnet werden muss.

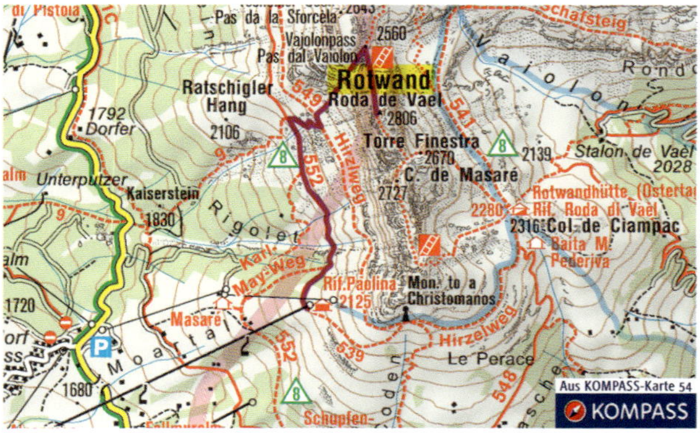

Wegverlauf: Anfahrt durch das Eggental zur Hotel- und Feriensiedlung Karersee westlich des Karer Passes (1600 m) und mit dem Sessellift hinauf zur Paolinahütte (2125 m). Von da der Beschilderung »Kölner Hütte« folgend auf dem markierten Höhenweg in weitgehend ebener Querung der Steilhänge nordwärts, bis bei entsprechendem Wegweiser der zum Vajolonpass führende Steig rechts abzweigt. Auf diesem nun über Geröll und durch eine Schlucht (hier eine problemlos ersteigbare Eisenleiter) in Serpentinen unschwierig empor zum schmalen Vajolonpass (2560 m; ab Paolinahütte 1½ Std.) und dann rechts, südwärts, stets den fixen Stahlseilen folgend teilweise steil und etwas ausgesetzt, aber nicht schwierig und ohne Orientierungsprobleme in ca. ¾ Stunde empor zum Gipfelkreuz (2806 m; ab Paolinahütte 2½ Std.). Abstieg: Am sichersten und kürzesten über die beschriebene Aufstiegsroute in ca. 1½ Std.

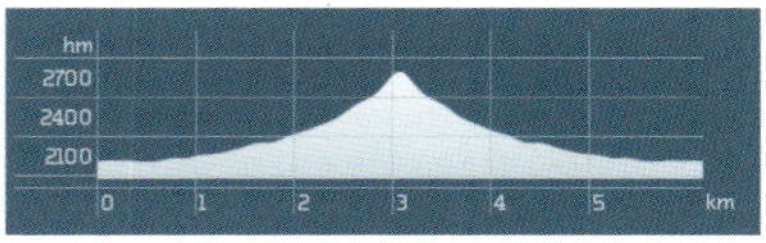

Der Schlern über den Blumenwiesen der Seiser Alm

Auf den Schlern 2564

Die klassische Route über Seiser Alm und Touristensteig

35

Die Tour im Überblick
Kompatsch – Saltnerhütte – Schlernhaus – Petz – retour
Orientierung und Schwierigkeit
Für gehgewohnte Bergwanderer leicht und gefahrlos
Gehzeit
Aufstieg 3½ Std., Abstieg 2½ Std.
Karten
1:50.000: Kompass, Blatt 59 (Sellagruppe – Marmolata); Freytag Berndt, Blatt S 1 (Bozen – Meran – Sarntal); 1:25.000: Tabacco, Blatt 05 (Gröden)

6 Std. | 17,6 km | 760 Hm

Der Schlern erhebt sich als mächtiger Tafelberg zwischen dem unteren Eisacktal und der ausgedehnten Seiser Alm. Seine Hochfläche ist teilweise mit Gras bedeckt, der Petz, der höchste Punkt, ist aber eine vegetationslose Kuppe aus weißem Hauptdolomit. Die dem Hauptberg nordseitig vorgelagerten Felszacken heißen nach ihren Erstbesteigern Santnerspitze und Euringerspitze.

Von den verschiedenen Routen, die auf den Schlern führen, sei hier der klassische Zugang über die Seiser Alm und den oberen Teil des »Touristensteiges« vorgeschlagen.

Bei dieser Route begehen wird den wohl schönsten, kürzesten und einen der leichtesten aller Schlernanstiege. Der erwähnte »Touristensteig« erhielt seinen Namen von der Sektion Bozen des Österreichischen Touristenklubs, die ihn 1884 anlegen ließ.

Der geradezu gemütlichen Wanderung über die berühmte Seiser Alm folgt der ziemlich steile Anstieg über die Ostflanke

Der Petz, der leicht ersteigbare Gipfel des Schlern

Wegverlauf: Von Kompatsch (Compatsch, 1844 m; hierher Umlaufbahn von Seis herauf sowie zwischen Seis und Kastelruth beginnende Straße mit zeitlichen Fahrbeschränkungen) auf dem breiten Weg 10 zuerst ein Stück hinauf, dann über die Wiesen der Seiser Alm südwestwärts zum ebenfalls breiten Weg 5, auf diesem zur Saltnerhütte (1825 m, Ausschank) und zum nahen Frötschbach (ca. 1800 m, Brücke) und jenseits auf Weg 5 hinan zu einer Bergwiese, wo man den von Bad Ratzes heraufkommenden »Touristensteig« (Mark. 1) betritt. Nun auf diesem in Serpentinen hinauf zum Schlernhaus (2457 m; Schutzhaus mit Sommerbewirtschaftung; 3 Std.) und schließlich auf markiertem Steig über Blockwerk in 20 Minuten problemlos hinauf zum Gipfelkreuz auf dem Petz (2564 m).
Abstieg: Über die beschriebene Aufstiegsroute.

des Schlerns, doch der in Serpentinen ansteigende Weg ist auch hier problemlos begehbar. Und haben wir den Hang hinter uns, erwartet uns das bekannte, 1885 von der Sektion Bozen des damaligen Deutschen und Österreichischen Alpenvereins erbaute Schlernhaus.

Von da zum erwähnten Petz ist es dann nur noch ein »Katzensprung«, und oben wird man feststellen, dass keine auch noch so schwärmerische Beschreibung der Aussicht übertrieben ist.

Der Plattkofel mit seiner gewaltigen Westflanke – links dahinter der Langkofel

Auf den Plattkofel 2958 m

Gipfeltour am Rande der Seiser Alm

36

Die Tour im Überblick
Seiser Alm / Saltria – Plattkofelhütte – Plattkofel – retour
Orientierung und Schwierigkeit
Anstrengend, aber für berggewohnte Geher unschwierig
Gehzeit
Aufstieg 3–3½ Std., Abstieg 2 Std.
Karten
1:50.000: Kompass, Blatt 59 (Sellagruppe – Marmolata); Freytag-Berndt, Blatt S 5 (Gröden – Cortina – Marmolada); 1:25.000: Tabacco Blatt 05 (Gröden – Seiser Alm)

5–6 Std. | **8,5 km** | **858 Hm**

Der Plattkofel ist der westlichste Berg der Langkofelgruppe, die sich im Südosten der Seiser Alm als eine der unverwechselbarsten Berggruppen erhebt. Ihr höchster Gipfel ist der fast 3200 Meter hohe Langkofel. Mit einer Höhe von rund 2960 Meter bleibt der weithin sichtbare Plattkofel, der sich nach Norden als spitze Felspyramide, nach Westen hingegen als ungewöhnlich breiter Bergaufbau mit langem Gipfelgrat zeigt, etwas unter der 3000-Meter-Marke.

Da über die Südwestflanke eine unschwierige, bis zum Gipfelkreuz markierte Route führt, zählt er zu den lohnendsten Gipfelzielen der gesamten Dolomiten.

Für die Besteigung wählen wir die Hotelsiedlung Saltria, das Zentrum der Seiser Alm, wohin uns der Autobus gebracht hat. Von dort legen wir den ersten Teil des Anstiegs bis in eine Höhe von 2100 Meter mühelos mit einem Sessellift zurück, dann geht es hinauf zur Plattkofelhütte, einem stattlichen Schutzhaus am Fuß des Plattkofels mit Prachtblick zur Marmolata, und von

Das Gipfelkreuz auf dem Plattkofel

dort führt uns der markierte Pfad über Grasgelände und später über steinige und felsige Hänge hinauf zum Gipfelkreuz auf dem Mittelgipfel.

Hier bietet sich natürlich eine umfassende Fernsicht, vor allem aber beeindruckt der schwindelerregende Tiefblick in die zum Greifen nahen Felsbastionen der Langkofelgruppe.

Wegverlauf: Anfahrt von Seis mit der Umlaufbahn nach Kompatsch (Compatsch), mit dem Linienbus nach Saltria (1675 m; Talmulde im Herzen der Seiser Alm) und mit dem Florian-Sessellift hinauf zur Williamshütte (2100 m). Von da nun zu Fuß kurz zu einem Jöchl (etwas tiefer der Almgasthof Zallinger, 2037 m) und auf dem steilen Weg 9 (oder etwas weniger steil mit kleinem Umweg über die Murmeltierhütte) hinauf zur Plattkofelhütte (2297 m; ab Williamshütte 1 Std.). Nun auf dem Steig 527 nordostwärts über einen Grasrücken hinan zum Fuß der Südwestflanke des Plattkofels und über sie durchwegs steil, aber nicht schwierig in großteils steinigem und felsigem Gehgelände empor zum Mittelgipfel (2958 m; ab Hütte 2 Std.).
Der Abstieg erfolgt über die beschriebene Aufstiegsroute.

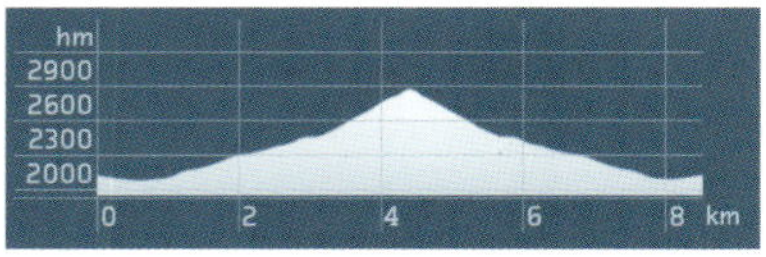

Der Gipfel des Piz Duleda

Auf den Piz Duleda 2909 m

Von St. Christina auf den markanten Gipfel

37

Die Tour im Überblick
St. Christina – Col Raiser – Regensburger Hütte – Piz Duleda – St. Christina
Orientierung und Schwierigkeit
Für trittsichere und einigermaßen geübte Berggeher nicht schwierig
Gehzeit
Aufstieg 3 Std., Abstieg gut 2 Std.
Karten
1:50.000: Kompass Blatt 54 (Bozen); Freytag-Berndt Blatt S 5 (Gröden – Cortina – Marmolada); 1:25.000: Tabacco, Blatt 05 (Gröden – Seiser Alm)

5–6 Std.	8,5 km	869 Hm

Der zwischen Gröden und Kampill aufragende Piz Duleda (der Name ist auch als Piz Duledes oder Piz Doledes anzutreffen) ist der westlichste Gipfel der Puezgruppe und einer der lohnendsten und aussichtsreichsten Gipfel im ganzen Naturpark Puez-Geisler.

Vom Col Raiser, den wir von St. Christina in Gröden mit der Umlaufbahn erreichen, geht es anfangs gemächlich und dann steil, aber immer auf gutem Steig hinauf gegen die Roascharte, und dann führt ein an mehreren Stellen mit gut verankerten Halteseilen versehener Klettersteig über steile Felsen zur Höhe. Doch diese gesicherte Strecke ist nicht lang und auch nicht schwierig, nur eine Stelle kann als ziemlich ausgesetzt bezeichnet werden, und einmal überwinden wir die Felsen über eine kurze Eisenleiter.

Für den Abstieg wählen wir den Steig über den Südrücken zur Sielesscharte; zwar weist auch er ein paar seilgesicherte

Alpendohle auf dem Piz Duleda

Stellen auf, ist aber etwas leichter als die Aufstiegsroute und kann natürlich auch für den Aufstieg gewählt werden. Jedenfalls sind beide Routen markiert, und der zu bewältigende Höhenunterschied hält sich trotz der beachtlichen Höhe des Berges in Grenzen.

Wegverlauf: Von St. Christina (1426 m) mit der Umlaufbahn hinauf zum Col Raiser (2100 m, Gaststätten). Nun zu Fuß auf Weg 4 ostwärts in 20 Minuten leicht abwärts und eben hinüber zur Regensburger Hütte (großes Schutzhaus, 2039 m). Nun auf Steig 2/3 hinein und hinauf zur zweiten Wegteilung, links auf Steig 3 steil empor bis unter die Roa-Scharte (2616 m), rechts auf markiertem Steig einen Geröllhang querend zu den Felsen und über den kurzen, nicht schwierigen Klettersteig hinauf zum Nives-Sattel (Sela Nives, 2737 m). Hier links ab und auf ausgeprägtem Steig über den breiten Rücken hinauf zum Gipfelkreuz (2909 m; ab Col Raiser 3 Std.).
Abstieg: Wie beim Aufstieg zurück zum Nivessattel, nun nicht mehr rechts über die Aufstiegsroute, sondern links auf markiertem Steig über den Südrücken unschwierig hinunter zum querenden Steig 2, hier scharf rechts ab, zuerst Schutthänge querend und dann an kurzem Felsgrat (ein paar Halteseile) unschwierig hinunter zur Sielesscharte (Furcela Forces de Sieles, 2505 m). Wieder rechts auf Steig 2 über steiles Geröll hinunter und schließlich wie im Aufstieg zurück zum Ausgangspunkt (auch der Abstieg von der Regensburger Hütte zur Talstation der Col-Raiser-Bahn ist möglich; gut 1 Std.).

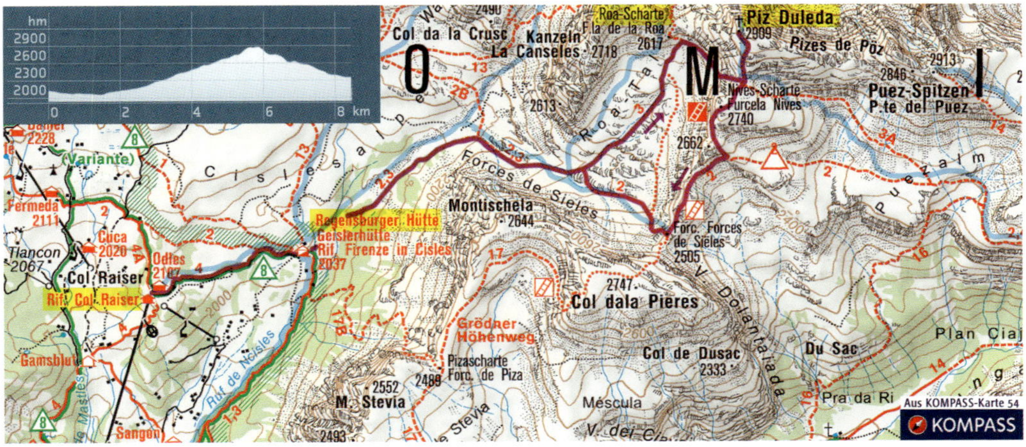

Der Puezkofel mit der breiten Gipfelflanke, über die der Aufstieg erfolgt – im Hintergrund die Civetta

Auf den Puezkofel 2723 m

Von Wolkenstein über die Puezhütte zum Gipfel

38

Die Tour im Überblick
Wolkenstein – Puezhütte – Puezkofel – retour
Orientierung und Schwierigkeit
Teilweise abschüssiges Geröll, für sichere und berggewohnte Geher mit festem Schuhwerk aber unschwierig
Gehzeit
Aufstieg 4 Std., Abstieg 3 Std.
Karten
1: 50.000: Kompass, Blatt 59 (Sellagruppe – Marmolada); Freytag-Berndt, Blatt S 5 (Gröden – Cortina – Marmolada); 1: 25.000: Tabacco, Blatt 05 (Gröden – Seiser Alm)

7 Std. | 16,4 km | 1098 Hm

Die aus mehreren Gipfeln bestehende Puezgruppe liegt östlich der Geislerspitzen und bildet mit diesen den Naturpark Puez-Geisler. Gute Geher besteigen gern die Östliche Puezspitze, kürzer und leichter ist hingegen der gerade über der Puezhütte aufragende Puezkofel, unser Ziel.

Wir beginnen die Tour am Eingang des von Wolkenstein nordostwärts streichenden, von senkrechten Felswänden gesäumten Langentales. Zunächst vorbei am reizenden Silvesterkirchlein wandern wir im Talboden nahezu eben hinein bis zu einer Wegteilung, steigen durch die nordseitigen Hänge hinauf zu den grünen Schafweiden der Puezalm und wandern schließlich gemütlich zur Puezhütte, die 1982 von der Sektion Bozen des italienischen Alpenklubs unweit der ersten, 1889 erbauten Puezhütte errichtet wurde.

Sodann führt uns ein markierter Fußpfad über steile Gras- und Geröllhänge zu einer Senke zwischen der von hier ebenfalls besteigbaren, aber etwas anspruchsvolleren Östlichen

Fetthennen-Steinbrech am Südhang des Puezkofels

Puezspitze und dem leichteren, ebenso unverwechselbaren wie aussichtsreichen Puezkofel, dessen Gipfel wir über einen problemlosen Serpentinensteig am steilen Grashang in vergleichsweise kurzem Aufstieg erreichen.

Für den Abstieg wählen wir ab der Puezhütte den ins innerste Langental absteigenden Weg, wodurch die Tour zusätzliche Abwechslung gewinnt und zumindest teilweise zur Rundwanderung wird.

Wegverlauf: Anfahrt von Wolkenstein in Gröden zum Parkplatz am Eingang ins Langental (1625 m). Nun auf Weg 14 zur nahen Silvesterkapelle, dann großteils durch Wald mehr oder minder eben hinein, bei Weggabel links ab, auf Steig 16 links durch Wald und freie Hänge mittelsteil bis steil hinauf zum querenden Höhenweg (2414 m) und auf diesem, nun Markierung 2, in ebener Wanderung ostwärts zur Hütte (2475 m; ab Parkplatz 3 Std.). Weiter zum Puezkofel: Dem entsprechenden Schild folgend auf gutem Steig am Grashang hinauf zu einem Bergrücken, dann steile Schutthänge querend zu einer Mulde (ca. 2630 m, links führt der Steig in 1 Std. auf die Östliche Puezspitze, 2913 m), hier rechts ab und in 20 Minuten südostwärts am breiten Grashang auf dem Serpentinensteig unschwierig hinauf zum Gipfel (2723 m; ab Hütte gut 1 Std.). Abstieg: Vom Gipfel wie im Aufstieg zur Hütte, dann auf Weg 14 durch Grashänge hinunter in den Talschluss des Langentales, stets auf dem Pfad 14 bald über einen weiten Grasboden (Pra da Ri) mit Brunnen talaus und zurück zum Ausgangspunkt (ab Gipfel gut 3 Std.).

Die Große Cirspitze mit dem Zugang vom Grödner Joch herauf – der Klettersteig beginnt in der kleinen Schlucht links unter dem Gipfel.

Auf die Große Cirspitze 2592 m

Über leichten Klettersteig zum markanten Gipfel

39

Die Tour im Überblick
Grödner Joch – Cirspitze – retour
Orientierung und Schwierigkeit
Für etwas klettersteigerfahrene, trittsichere und schwindelfreie Geher nicht schwierig, aber teilweise steil und ausgesetzt; Klettersteigausrüstung ratsam, wenn auch nicht unbedingt erforderlich
Gehzeit
Aufstieg 1½–2 Std., Abstieg 1–1½ Std.
Karten
1:50.000: Kompass, Blatt 59 (Sellagruppe); Freytag-Berndt, Blatt S 5 (Gröden – Cortina – Marmolada); 1:25.000: Tabacco, Blatt 07 (Alta Badia – Arabba – Marmolada)

3–4 Std. | 3,5 km | 455 Hm

Die Cirspitzen (auch Cier oder Tschier geschrieben) bilden nördlich über dem Grödner Joch eine bizarre, mit hellen Felsgestalten über grünen Wiesen aufragende Zackenreihe. Kleine, Westliche, Große und Östliche Cirspitze sind die wichtigsten Erhebungen.

Formschönster, höchster und touristisch interessantester Gipfel der Gruppe ist die Große Cirspitze (ladinisch Gran Cier), durch deren Südwand einige schwierige Kletterrouten führen. Aber die Große Cirspitze ist erfreulicherweise auch ein Ziel für den trittsicheren und schwindelfreien Normalbergsteiger.

Durch ihre Westflanke und über die große schräge Gipfelfläche führt nämlich ein relativ unschwieriger, an heiklen Stellen mit Halteseilen versehener Felspfad, auf dem man in nicht allzu langem und auch kurzweiligem Anstieg bis zur Spitze mit dem Kreuz gelangt.

Das Gipfelkreuz auf der Großen Cirspitze mit Sellastock (links) und Langkofel im Hintergrund

Dieser Klettersteig gehört zu den leichtesten seiner Art und er ist wesentlich weniger ausgesetzt als beispielsweise der kurze Klettersteig auf die Westliche Cirspitze.

Zwischen der Geisler-Puez-Gruppe im Norden, dem mächtigen Sellastock im Süden und der Langkofelgruppe im Westen gelegen, bietet die Große Cirspitze beeindruckende Einblicke in diese Bergregion, die zu den schönsten der gesamten Dolomiten zählt.

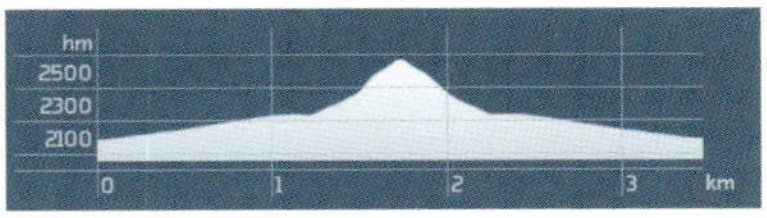

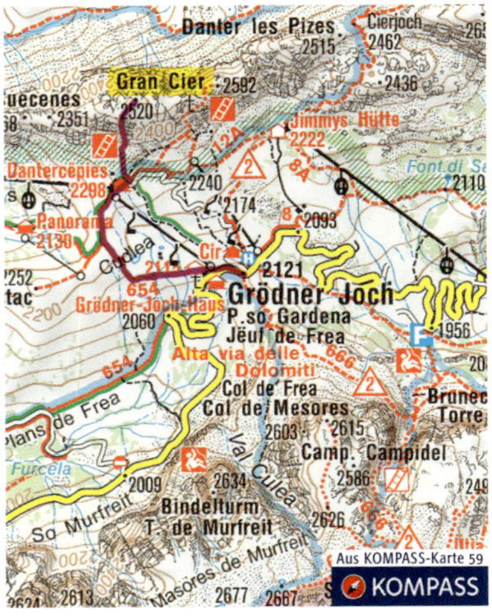

Wegverlauf: Vom Grödner Joch (2137 m) nordseitig zunächst ein gutes Stück auf einem breiten Fahrweg in Kehren durch die Grashänge hinauf und dann auf einem rechts abzweigenden Fußpfad im Grasgelände weiter zur auffallenden, westlich der Großen Cirspitze eingeschnittenen Geröllschlucht. In dieser ein Stück auf dem markierten Steig über Blockwerk empor bis zum Beginn des Klettersteiges, auf diesem rechts ab, den Seilsicherungen und der Punktmarkierung folgend zunächst in der Westflanke und dann am großen steilen Gipfelhang großteils über guten, nicht allzu steilen Fels hinauf zum Gipfelkreuz (2592 m; ab Grödner Joch 1½–2 Std.).
Der Abstieg erfolgt über die Aufstiegsroute (1–1½ Std.).

Die letzten Meter zum Gipfel des Tullen

Von Villnöß auf den Tullen 2652 m

Gern besuchter Gipfel in den Aferer Geislern

40

Die Tour im Überblick
Zans – Oberer Herrensteig – Tullen – retour
Orientierung und Schwierigkeit
Für berggewohnte Geher nicht schwierig, die Felsen in der Gipfelzone allerdings leicht ausgesetzt
Gehzeit
Aufstieg gut 3 Std., Abstieg 2 Std.
Karten
1:50.000: Kompass, Blatt 56 (Brixen); Freytag-Berndt, Blatt S 5 (Gröden – Cortina – Marmolada); 1:25.000: Tabacco, Blatt 030 (Brixen – Villnöß)

5 Std. | 12,6 km | 972 Hm

Der Tullen erhebt sich als markanter Gipfel im westlichen Teil der nördlich über dem innersten Villnößtal aufragenden Aferer Geisler (früher auch Aferer Geiseln geschrieben). Er ist das wichtigste Gipfelziel in dieser stark gegliederten Zackenreihe, die nach Norden hin eine gewisse Ähnlichkeit mit den Villnösser Geislerspitzen aufweist.

Als Ausgangs- und Endpunkt für die Besteigung wählen wir die Zanser Alm im Villnösser Talschluss, die durch Autostraße, Gastbetriebe und Parkplätze erschlossen ist. Bei der nachfolgend beschriebenen Tour werden auf dem sogenannten »Oberen Herrensteig« steile Waldhänge durchquert, und oberhalb der Baumgrenze folgen wir ein Stück weit dem leichtesten Abschnitt des Günther-Messner-Steiges, der die Aferer Geisler umrundet und an den 1970 am Nanga Parbat ums Leben gekommenen Günther Messner (einem Bruder des berühmten Reinhold Messner) erinnert.

Schlussanstieg zum Gipfel des Tullen

Ein von dieser Höhenroute abzweigender Felssteig bringt schließlich zur Spitze mit dem Gipfelkreuz. Dieser Schlusspfad ist nicht schwierig, eine kurze gesicherte Felspassage und der schmale Gipfelgrat erfordern allerdings Trittsicherheit und Schwindelfreiheit.

Die ganze Tour zeichnet sich durch artenreiche Alpenflora, durch schöne Landschaftsbilder und durch den Prachtblick hinüber zu den berühmten Geislerspitzen aus. Und am Gipfel genießen wir ein Panorama, das fast die gesamte Südtiroler Bergwelt umfasst.

Wegverlauf: Vom ersten Parkplatz der Zanser Alm im Villnösser Talschluss (1680 m) stets der Beschilderung »Tullen« folgend nordseitig auf dem breiten Weg dem Kaserillbach entlang talein bis zum links abzweigenden Steig 25, auf diesem zunächst ziemlich steil empor (der links abzweigende Untere Herrensteig bleibt unbeachtet), später die baumbestandenen Steilhänge westwärts querend hinan zur Waldgrenze und durch steile Grashänge weiter zum Günther-Messner-Steig (ca. 2250 m, Wegweiser). Auf diesem (beschildert, Nr. 25) rechts teils aufsteigend, teils querend in unschwierigem Gehgelände bis zu einer weiteren Wegteilung (ca. 2580 m; rechts geht der Günther-Messner-Steig weiter), links auf dem Gipfelsteig über Geröll und Fels (kurze Stelle mit Sicherungen) hinauf zu einer kleinen Scharte und westwärts am etwas schroffen Felsgrat teilweise leicht ausgesetzt empor zum Gipfel (2652 m; ab Ausgangspunkt gut 3 Std.). Absteig: Über die beschriebene Aufstiegsroute (2 Std.).

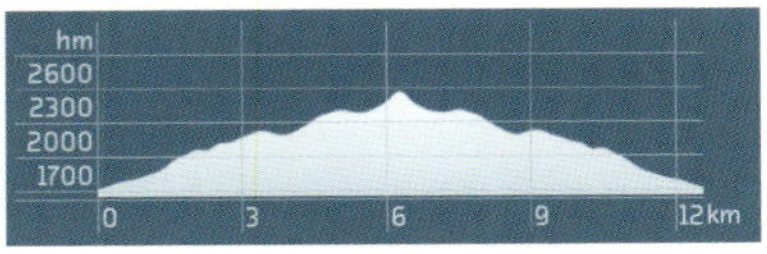

Der Zendleser Kofel über dem Villnösser Talschluss

Auf den Zendleser Kofel 2422 m

Leichter Gipfel über dem innersten Villnößtal

Der beliebteste Gipfel, der von der Zanser Alm aus bestiegen werden kann, ist zweifellos der Peitlerkofel. Im vorliegenden Buch wird jedoch der kürzere Anstieg vom Würzjoch her vorgeschlagen, und stattdessen wollen wir uns an dieser Stelle dem Zendleser Kofel zuwenden, dessen Anstieg wesentlich kürzer und absolut leicht ist. Er zeigt sich zum Villnösser Talschluss hinunter als beherrschender, spitzer Gipfel und stellt schon deshalb ein verlockendes Wanderziel dar.

Der Weg führt von der Zanser Alm über die bekannte Schlüterhütte, die hoch über dem Tal inmitten blumenreicher Grashänge steht und teils durch Wald, teils über die Bergwiesen der Gampenalm erreicht wird. Sie trägt den Namen des bergbegeisterten Kommerzienrates Franz Schlüter aus Dresden, der die Schutzhütte 1898 errichten ließ und dem Alpenverein zum Geschenk machte.

Ab der Schlüterhütte ist die Besteigung des Zendleser Kofels – der übrigens nach dem ehemaligen Villnösser Hof-

41

Die Tour im Überblick
Zanser Alm – Schlüterhütte – Zendleser Kofel – retour
Orientierung und Schwierigkeit
In jeder Hinsicht leicht und problemlos
Gehzeit
Aufstieg 2½ Std., Abstieg 2 Std.
Karten
1:50.000: Kompass, Blatt 56 (Brixen); Freytag-Berndt, Blatt S 5 (Gröden – Cortina – Marmolada); 1:25.000: Tabacco, Blatt 030 (Brixen – Villnöß)

4 ½ Std.	11,6 km	752 Hm

Das Wetterkreuz auf dem Gipfel des Zendleser Kofels

namen Zendels bzw. nach dessen Bergwiesen benannt ist – eine nur mäßig steile, ja fast bequeme Kurzwanderung.

Zuerst geht es hinauf zum nahen Kreuzkofeljoch, und von dort führt ein hübscher Wiesensteig zum Gipfel, den ein hohes Wetterkreuz krönt und ein beeindruckendes Dolomitenpanorama auszeichnet.

Wegverlauf: Von der Zanser Alm im hintersten Villnößtal (1670 m; Gastbetriebe und Parkplätze; hierher gute Straße) stets der Beschilderung »Schlüterhütte« folgend zuerst zum nahen Gasthaus Sass Rigais, dann auf breitem Wanderweg durch das Tschantschenontälchen hinein und hinauf zu querendem Forstweg (hier zahlreiche Wegweiser), auf diesem links durch Wald und Wiesen hinein zur Gampenalm (2062 m; Gaststätte; ab Zans gut 1 Std.) und auf gutem Fußweg durch die Wiesenhänge hinauf zu der schon von Weitem sichtbaren Schlüterhütte (2301 m; Sommerbewirtschaftung; ab Zans 2 Std.). Nun auf gutem Weg kurz ostwärts hinauf zum Kreuzkofeljoch (2340 m), hier scharf links ab und dem Wegweiser »Zendleser Kofel« folgend über einen Grassteig leicht ansteigend zum Kreuz am Gipfel (2422 m; ab Schlüterhütte ½ Std.).
Der Abstieg erfolgt über den Aufstiegsweg.

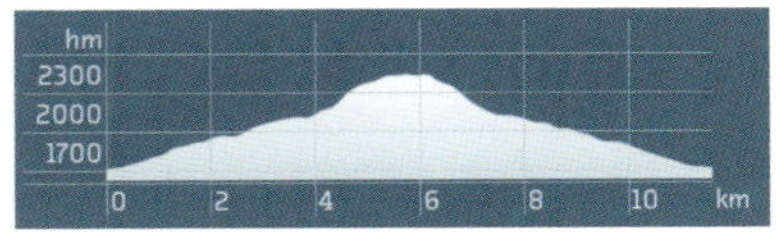

Die Pisciadùspitze von Nordwesten gesehen

Auf die Pisciadùspitze 2985 m

Unschwierige Dolomitentour im Sellastock

42

Die Tour im Überblick
Grödner Joch – Pisciadùhütte – Pisciadù-spitze – retour
Orientierung und Schwierigkeit
Für berggewohnte, trittsichere und schwindelfreie Geher mit gutem Schuhwerk nicht schwierig
Gehzeit
Aufstieg 3–3½ Std., Abstieg gut 2 Std.
Karten
1:50.000: Kompass, Blatt 59 (Sellagruppe); Freytag-Berndt, Blatt S 5 (Gröden – Cortina – Marmolada); 1:25.000: Tabacco, Blatt 05 (Gröden – Seiser Alm)

5–6 Std. | 8,1 km | 848 Hm

Die Pisciadùspitze, auf der ein Gipfelkreuz steht, ist eine mächtige Felsgestalt südöstlich über der Pisciadùhütte. Nordseitig bricht sie mit senkrechten Felswänden ab. Auf der Südseite ist das Felsgelände hingegen weniger steil und relativ leicht begehbar. Hier erfolgte denn auch schon 1872 die Erstbesteigung des Berges.

Wir erreichen die besagte Südseite, indem wir vom Grödner Joch durch das Val Setus zur Pisciadùhütte aufsteigen, die neben dem gleichnamigen Bergsee und am Fuß der Pisciadùspitze liegt und auch über den berühmten Pisciadù-Klettersteig oder vom Mittagstal herauf erreichbar ist. Es war die Sektion Bamberg des Deutschen und Österreichischen Alpenvereins, die 1903 die Hütte erbaute und 1910 den Weg durch das Val Setus anlegte.

Vom Schutzhaus geht es über Geröll und gesicherte Felsen zum Beginn des eigentlichen Gipfelsteiges und über diesen, einer guten Markierung folgend, an dem aus Felsschrofen und

Die Südflanke der Pisciadùspitze mit den Felsstufen, über die der Normalanstieg führt

Geröll bestehenden, quer gebänderten Südhang in relativ kurzem Aufstieg zum aussichtsreichen Gipfel.

Das alles, die markante Gestalt des Berges, seine Höhe, der vergleichsweise leichte Normalanstieg, die Hütte und der See am Zugangsweg, das alles macht die Besteigung zu einer lohnenden und abwechslungsreichen Dolomitentour.

Wegverlauf: Vom Grödner Joch (2137 m; Straßenübergang zwischen dem Grödner und dem Gadertal) auf Steig 666 zuerst über einen Grasrücken südwärts hinauf, dann Steilhänge querend hinein ins schluchtartige Val Setus, durch dieses über Geröll im Zickzack hinauf zu steilen Schrofen, über diese auf einem rund halbstündigen Klettersteig steil empor zur Terrasse des Sellastocks und links mit wenigen Schritten hinunter zur Pisciadùhütte (2585 m; ab Grödner Joch 1½–2 Std.).
Vom Schutzhaus dann weiter auf Steig 666 über Geröll und unschwierigen Fels (mit Sicherungen) hinauf zu einer Mulde am Südfuß des Berges (ca. 2800 m), hier links ab und nordwärts der guten Markierung folgend teils auf Geröllsteig, teils über gestuften Fels (ein paar Stellen erfordern die Zuhilfenahme der Hände) in ½ Std. problemlos empor zum Gipfelkreuz (2985 m; ab Hütte, 1½ Std.).
Abstieg: Über die Aufstiegsroute.

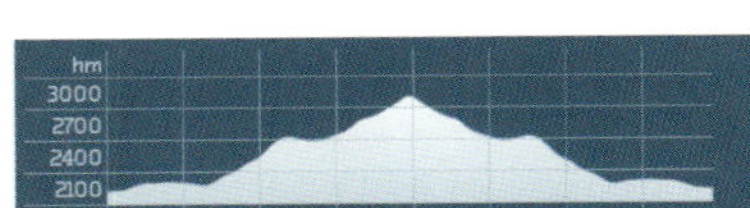

Der Peitlerkofel vom Würzjoch aus gesehen – im Vordergrund die Kompatschwiesen, über die wir uns dem Berg nähern

Auf den Peitlerkofel 2874 m

Vom Würzjoch auf den berühmten Berg

43

Die Tour im Überblick
Würzjoch – Peitlerscharte – Peitlerkofel – retour

Orientierung und Schwierigkeit
Die Wege größtenteils leicht, der in etwa 100 m lange Klettersteig in der Gipfelzone erfordert jedoch Trittsicherheit und Schwindelfreiheit; Klettersteigausrüstung für Geübte nicht erforderlich

Gehzeit
Aufstieg 3 Std., Abstieg 2½ Std.

Karten
1:50.000: Kompass, Blatt 56 (Brixen); Freytag-Berndt, Blatt S 5 (Gröden – Cortina – Marmolada); 1:25.000: Tabacco, Blatt 030 (Brixen – Villnöß)

5–6 Std. | 11 km | 867 Hm

Der frei am Nordwestrand der Dolomiten aufragende Peitlerkofel zählt zu den prächtigsten und aussichtsreichsten, freilich auch meistbestiegenen Gipfeln der Ostalpen.

Die beliebteste Route führt vom Villnösser Talschluss über die Schlüterhütte zum Gipfel, doch bei diesem Anstieg bekommt man den Berg erst hoch oben zu Gesicht und auch da nur seine wenig beeindruckende Südwestseite.

Deshalb wählen wir als Ausgangspunkt das gut 2000 Meter hohe Würzjoch, den sowohl von Brixen, von Villnöß wie auch aus dem Gadertal herauf erreichbaren Straßenübergang.

Der Weg führt anfangs über nahezu ebene Bergwiesen, aus denen der Berg mit seinen senkrechten Nordabstürzen in einzigartiger Kühnheit in den Himmel schießt. So vermittelt bereits dieser erste Abschnitt ein besonderes Erlebnis. Haben wir dann die Peitlerscharte erreicht, steigt ein recht guter Weg in Serpentinen über Grashänge an. Doch der letzte Teil des Anstiegs zum Hauptgipfel mit dem Kreuz ist ein zwar nicht langer, nicht sehr

Die Südwestflanke des Peitlerkofels mit der Aufstiegsroute

schwieriger und mit guten Seilsicherungen versehener, aber doch über ausgesetzten, stellenweise sogar senkrechten Fels führender Klettersteig.

Und damit ist der Peitlerkofel das, was schon seine kühn in den Himmel ragende Felsgestalt vermuten lässt: ein Gipfel, der geübten, möglichst etwas klettersteigerfahrenen Bergsteigern vorbehalten bleibt.

Wegverlauf: Vom Würzjoch (2007 m, Straßenübergang zwischen Brixen und St. Martin in Thurn; hier Gaststätten und Parkplätze) stets der Markierung 8 A folgend südwärts hinauf zu flachen Wiesen und bei Wegteilung unweit von Almschenken rechts ab. Unter der Peitler-Nordwand die Grasmatten und später einen Steilhang querend zum Steig 4 (ca. 2100 m) und auf diesem über Geröll durch ein Tälchen empor zur Peitlerscharte (2357 m, ab Würzjoch 1½ Std.; ca. 45 Minuten südwestlich die Schlüterhütte mit Sommerbewirtschaftung). Von der Scharte nun links dem Wegweiser »Peitlerkofel« folgend auf ausgeprägtem Serpentinenweg an steiler Grasflanke hinauf zu einer Scharte zwischen West- und Hauptgipfel (ca. 2780 m, links ist in wenigen Minuten der Westgipfel erreichbar), rechts bald auf dem mit fixen Seilen versehenen Klettersteig über guten Dolomitfels empor zum Gipfelhang (hier sich für den Abstieg das Ende des Klettersteiges einprägen!) und kurz über Blockwerk zum Gipfelkreuz (2874 m; ab Peitlerscharte 1½ Std.).
Der Abstieg erfolgt über die Aufstiegsroute.

Die Tatschspitze mit der Flanke, über die der Aufstieg erfolgt

Auf die Tatschspitze 2526 m

Vom Penser Joch zum prägnanten Granitgipfel

44

Die Tour im Überblick
Penser Joch – Tatschspitze – retour
Orientierung und Schwierigkeit
Für gehgewohnte Bergwanderer leicht und problemlos
Gehzeit
Aufstieg knapp 2½ Std., Abstieg 2 Std.
Karten
1:50.000: Kompass, Blatt 44 (Sterzing); Freytag-Berndt, Blatt S 4 (Sterzing – Jaufenpass – Brixen); 1:25.000: Tabacco, Blatt 040 (Sarntaler Alpen)

4½ Std. | 10,2 km | 311 Hm

Die Tatschspitze, ein wuchtiger Berg aus hellem Granit, erhebt sich im Sarntaler Ostkamm zwischen dem Gebiet von Mauls im Wipptal und jenem von Asten und Pens im innersten Sarntal. Auf der Sarntaler Seite zeigt er sich als breiter Bergaufbau, doch von der Wipptaler Seite aus gesehen weist der Berg mit seinen beiden vorgelagerten Felsspitzen eine sehr markante, unverwechselbare Form auf, die an den Schlern, den berühmten Dolomitenberg erinnert.

Dank gut markierter Steige ist der Berg leicht ersteigbar. Zwischen dem Penser Joch, dem Ausgangspunkt der Tour, und unserem Gipfel besteht zwar nur ein Höhenunterschied von rund 300 Metern, aber zunächst müssen wir eine ziemlich lange Flachstrecke über einen mehrere Erhebungen tragenden Kamm zurücklegen, bevor der eigentliche Aufstieg beginnt.

So umrunden wir zunächst den breiten Astenberg, queren später die Ostflanke des Niedecks und erst dann führt uns der

Am Zugang zur Tatschspitze blüht der in den Silikatgebirgen seltene Gelbe Alpenmohn, auch Rätischer Mohn genannt.

markierte Steig über die breite Flanke entschieden bergwärts und hinauf zum Gipfelkreuz.

Von dort schauen wir fast senkrecht auf das obere Eisacktal hinunter, aber der Blick schweift auch über die Sarntaler Alpen, hin zu den Stubaier und Zillertaler Alpen, und im Südosten sind die Gipfel der Dolomiten von den Sextner Bergen bis zum Langkofel aufgereiht.

Wegverlauf: Vom Penser Joch (2214 m, Gasthaus; hierher Straße sowohl von Sterzing als auch vom Sarntal herauf) südseitig 10 Minuten der Straße folgend auf der Sarntaler Seite abwärts zur Penser-Joch-Alm (2158 m, Ausschank; Parkmöglichkeit, sodass die Tour auch hier begonnen werden kann), auf dem Steig 14 A kurz hinan zur Westseite des Astenberges (hierher auch vom Penser Joch über den markierten Verbindungsgrat möglich). Dann in langer Höhenwanderung weitgehend eben auf dem Steig zuerst westseitig und dann ostseitig des Kammverlaufs südwärts zu einer Wegteilung mit Wegweisern. Links bleibend weiter zum Fuß der Tatschspitze und bei neuerlicher Weggabelung wieder links am Westrücken auf dem markierten Steig (14 B) über Gras und Blockwerk problemlos hinauf zum Gipfel (2526 m; ab Penser Joch 2½ Std.). Abstieg bzw. Rückkehr zum Penser Joch: Über den beschriebenen Hinweg.

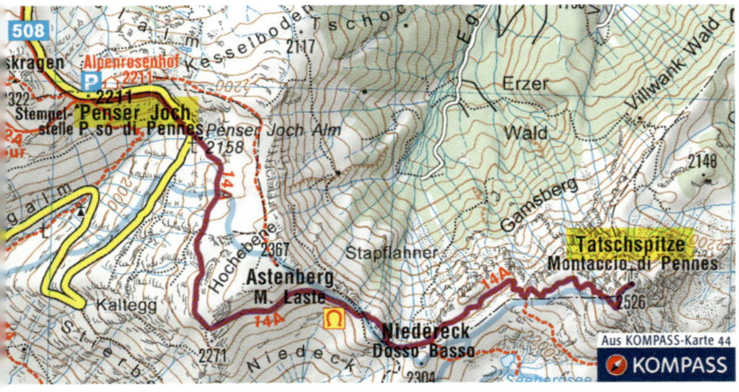

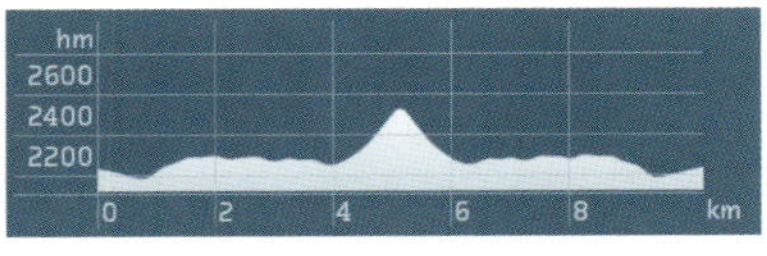

Die Telfer Weißen vom Zugangsweg aus gesehen – rechts des Gipfels die Flanke mit der Aufstiegsroute

Auf die Telfer Weißen 2588 m

Von Sterzing über den Roßkopf zum Dolomitgipfel

45

Die Tour im Überblick
Roßkopf – Ochsenscharte – Telfer Weißen – retour
Orientierung und Schwierigkeit
Bis zum Ostgipfel für gehgewohnte Bergwanderer leicht, der kurze Übergang zum Hauptgipfel etwas ausgesetzt, aber mit Halteseilen versehen und für Trittsichere bei entsprechender Vorsicht nicht schwierig
Gehzeit
Aufstieg 3 Std., Abstieg 2 Std.
Karten
1:50.000: Kompass, Blatt 44 (Sterzing); Freytag-Berndt, Blatt S 4 (Sterzing – Jaufenpass – Brixen); 1:25.000: Tabacco, Blatt 038 (Sterzing – Stubaier Alpen)

5 Std. | 9,9 km | 700 Hm

Die Telfer Weißen, die ihren Namen vom Doppeldorf Telfes und von ihrer sehr hellen Farbe haben, sind eine mehrgipfelige Dolomitgruppe nordwestlich der Sterzinger Talweitung.

Höchster und aussichtsreichster der weithin sichtbaren Felszacken und touristisches Hauptziel ist der Mittelgipfel, auf dem auch das Kreuz steht.

Der letzte Teil des Anstiegs zum Hauptgipfel führt über den etwas niedrigeren Ostgipfel, von dem durch einen kleinen Felskamin zu einer Scharte abgestiegen und dann über einen kurzen Steilhang der höchste Punkt erreicht wird. Dieser Übergang vom Ost- zum Hauptgipfel ist zwar nicht schwierig, aber doch etwas abschüssig und felsig, weshalb man ihn durch ein paar fest verankerte Halteseile sicherer begehbar gemacht hat.

Abgesehen von diesen letzten Metern zum Gipfel ist der gesamte Anstieg leicht und gefahrlos, und da der Ausgangspunkt der Tour dank der Roßkopf-Seilbahn auf 1900 Meter Höhe liegt, hält sich auch der zu bewältigende Höhenunterschied in Grenzen.

Das Kreuz auf dem Hauptgipfel der Telfer Weißen gegen die Sarntaler Alpen

So folgen wir zunächst ein Stück dem Ridnauner Höhenweg, steigen dann über steile Grashänge geradewegs empor zu einer Gratscharte und von dort weiter zum Gipfel.

Für den Abstieg wird hier die Aufstiegsroute vorgeschlagen, es gibt aber auch Alternativen, wie die Varianten über die Vallmingalm oder über die Ochsenalm, und dem Freund einer recht luftigen Gratüberschreitung bietet sich eine markierte Route über das Roßkopf-Köpfl an.

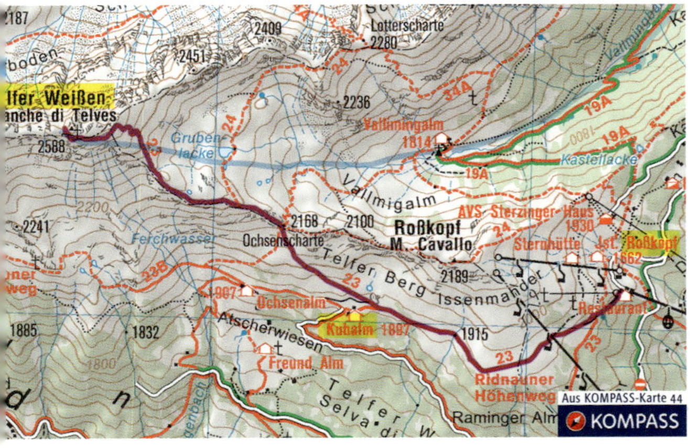

Wegverlauf: Vom Nordrand von Sterzing (950 m) zunächst mit der Umlaufbahn hinauf zum Roßkopf (ca. 1900 m). Von der Bergstation dann links der Beschilderung »Ridnauner Höhenweg« folgend auf dem breiten Weg zunächst leicht ansteigend und dann eben durch Wald und Wiesen westwärts, bis unweit der unter dem Weg liegenden Kuhalm rechts der Steig 23 abzweigt (Wegweiser »Telfer Weißen«); nun auf diesem durch steile Grashänge hinauf zur Ochsenscharte im Südostgrat der Telfer Weißen (2168 m), links auf dem markierten Steig ein Stück dem Grat entlang und dann über die teilweise steinige Ostflanke problemlos hinauf zum Ostgipfel (2566 m). Von da durch einen kurzen und schmalen Felskamin (Halteseil) steil hinab in eine Scharte und jenseits auf abschüssigem, aber ebenfalls mit Halteseilen versehenem Steiglein über Felsschrofen empor zum Hauptgipfel mit dem Kreuz (2588 m; ab Seilbahn-Bergstation 3 Std.).
Abstieg am kürzesten über die beschriebene Aufstiegsroute.

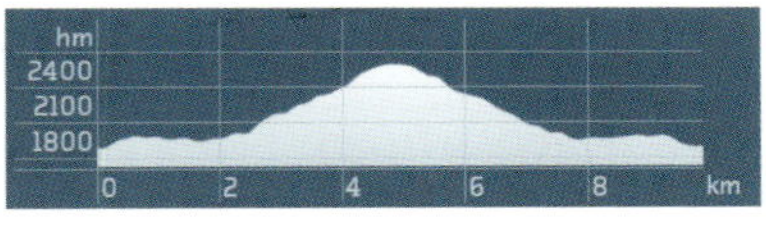

Die Hohe Kreuzspitze über der Klammalm, über die der Anstieg führt

Auf die Hohe Kreuzspitze 2743 m

Von Ratschings zum prächtigen Marmorgipfel

46

Die Tour im Überblick
Flading – Klammalm – Butzsee – Hohe Kreuzspitze – retour
Orientierung und Schwierigkeit
Für berggewohnte Geher nicht schwierig
Gehzeit
Aufstieg 4 Std., Abstieg 3 Std.
Karten
1: 50.000: Kompass, Blatt 44 (Sterzing); Freytag-Berndt, Blatt S 8 (Passeier – Timmelsjoch – Jaufen); 1: 25.000: Tabacco, Blatt 038 (Sterzing – Stubaier Alpen)

7 Std. | 11,7 km | 1264 Hm

Die Hohe Kreuzspitze erhebt sich zwischen dem Passeiertal im Süden und dem Ratschinger Tal im Norden und gehört zu den besonders markanten und aussichtsreichen Bergen Südtirols. Außerdem sticht der Berg auch aufgrund seines vorherrschenden Aufbaugesteins besonders hervor, das großteils aus dem weißen Ratschinger Marmor besteht.

Der Gipfel mit dem Kreuz ist auf drei markierten Routen erreichbar: von Stuls in Passeier herauf, vom Jaufen her und vom Ratschinger Tal herauf.

Wir wählen hier als Ausgangs- und Endpunkt für die Tour den Ratschinger Talschluss und den Aufstieg über die Nordwestseite. Diese Route ist leichter als über den zwar nicht schwierigen, aber sehr ausgesetzten Ostgrat und weniger der prallen Sonne ausgesetzt als der Südanstieg.

Der Weg führt zunächst hinauf zur bewirtschafteten Klammalm, dann weiter zum kleinen Butzsee und schließlich zu einem guten Teil über grobes Blockwerk – manchmal auch

Der Putzsee am Aufstieg von der Klammalm zur Hohen Kreuzspitze

über Schneereste – zum Gipfelkreuz, wo sich aufgrund der Höhe und freien Lage eine weitreichende Fernsicht, vor allem aber eindrucksvolle Blicke zu den nahen Hochgipfeln der zentralen Stubaier Alpen bieten.

Hinsichtlich des Bergnamens sei erwähnt, dass dieser der hellen Färbung entsprechend in einer Grenzbeschreibung des Jahres 1667 als »Weiße« aufscheint, während der heute allgemein übliche Name wohl auf ein altes Bergkreuz zurückgeht.

Wegverlauf: Vom Weiler Flading im Ratschinger Talschluss (1482 m; Jausenstation; hierher Straße von Sterzing über Stange herein) auf Weg 12 durch Wald und steiles Grasgelände hinauf zur Klammalm (1925 m, Ausschank, ab Flading 1½ Std.). Nun weiterhin der Markierung 12 folgend über Grasgelände südwestwärts hinauf zum kleinen Butzsee (2340 m), über Grasstufen durch ein Tälchen weiter bergan, dann über viel Blockwerk teils stark, teils mäßig ansteigend empor zu einer großen, querstehenden Gratrippe, hinüber zum letzten Steilaufschwung und, stets der Markierung nach, am Westgrat unschwierig hinauf zum Gipfel mit dem Kreuz (2743 m; ab Klammalm 2½ Std.).
Abstieg: Am besten über die Aufstiegsroute.

Der Wolfendorn mit der breiten Flanke, über die der Aufstieg führt

Auf den Wolfendorn 2776 m

Von Pfitsch über die Grubbergalm zum Gipfel

47

Die Tour im Überblick
Kematen – Grubbergalm – Flatschjöchl – Wolfendorn – retour
Orientierung und Schwierigkeit
Für gehtüchtige Wanderer leicht und problemlos
Gehzeit
Aufstieg 4–4½ Std., Abstieg 3 Std.
Karten
1:50.000: Kompass, Blatt 44 (Sterzing); Freytag-Berndt, Blatt S 4 (Sterzing – Jaufenpass – Brixen); 1:25.000: Tabacco Blatt 037 (Hochfeiler – Pfunderer Berge)

7–8 Std.	14,9 km	1335 Hm

Der Wolfendorn ist einer der formschönsten Berge im Sterzinger Tourengebiet. Von den benachbarten Gipfeln relativ weit entfernt und auch um einiges höher, erhebt er sich frei und beherrschend im sogenannten Tuxer Kamm zwischen dem Pfitschtal auf der einen und dem Wipptal auf der anderen Seite.

So besitzt der Berg denn auch eine ganze Reihe von Anstiegen: Ein Weg führt vom Brenner über die Postalm, ein zweiter über die Lueger Alm, ein weiterer von Brennerbad über Zirog und die Flatschspitze, ein Höhenweg führt von der Landshuter Europahütte herüber, und schließlich der hier als Aufstieg vorgeschlagene Weg von Kematen im Pfitscher Tal herauf.

Dass der Wolfendorn ein ganz hervorragender Aussichtsberg ist, ist aufgrund des Gesagten nicht schwer zu erraten. Bereits der Topograf Johann Jakob schreibt 1844, der Wolfendorn sei »eine nicht schwer ersteigliche Spitze mit herrlicher Aussicht in die nahe und ferne Bergwelt«. Nicht nur die nahen Hochgipfel des Hochfeilermassivs liegen äußerst eindrucksvoll

Alpen-Vergissmeinnicht im Kalkfels des Wolfendorns

im Blickfeld, sondern man kann fast sagen, dass man von da aus über ganz Tirol schaut: Von den Sarntaler Alpen auf Südtiroler Seite über Ötztaler und Stubaier Alpen bis zu den Nördlichen Kalkalpen in Nordtirol – das ist die Schau, die unser Berg bietet.

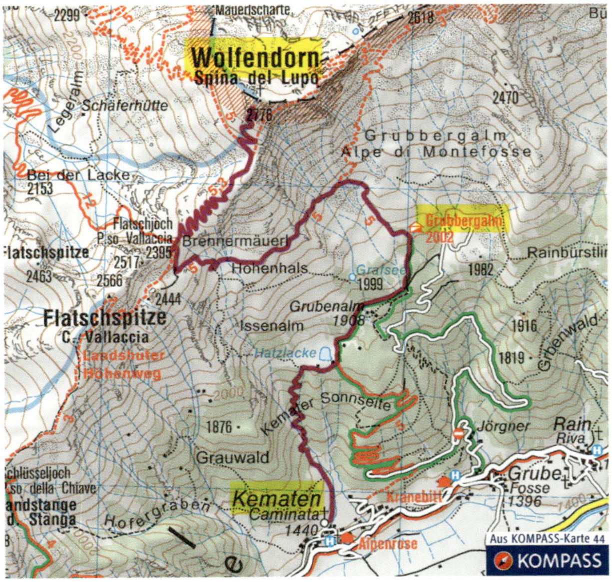

Wegverlauf: Von Kematen im Pfitschtal (1440 m, Gasthof, Parkplätze) der Beschilderung »Grubbergalm« und der Markierung 5 folgend durch Wiesen und durch eine Waldschneise gerade empor und rechts durch Wald mäßig ansteigend hinauf zum Rand eines wassergefüllten Rückhaltebeckens (1848 m, Hatzllacke). Dann auf dem Forstweg weiter bergan (stets Mark. 5) zu Weggabel mit Wegweisern und links abdrehend zur nahen Grubbergalm (2002 m, Ausschank; ab Kematen knapp 2 Std.). Von da – stets Steig Nr. 5 – westwärts über steile Grashänge hinauf ins Flatschjöchl (Kammsenke zwischen Flatschspitze und Wolfendorn, 2395 m) und nun rechts (ostwärts) zuerst über den Kamm und dann durch die Westflanke des Berges auf gutem Serpentinenweg (Nr. 3/5) problemlos empor zum Gipfel (2776 m; ab Flatschjöchl 1 Std., ab Grubbergalm knapp 2½ Std.). Abstieg: Am besten über die beschriebene Aufstiegsroute.

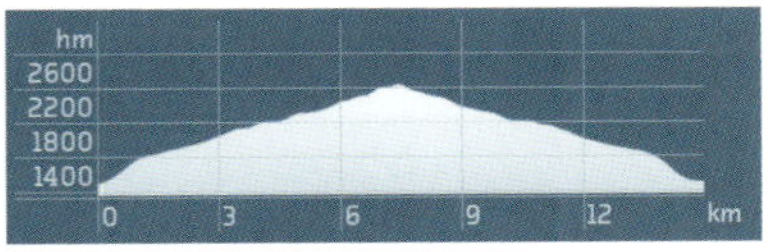

Die Wildseespitze mit dem kleinen Wildsee – von der Landshuter Europahütte gesehen mit der Rollspitze links im Hintergrund

Auf die Wildseespitze 2733 m

Von Pfitsch über die Landshuter Europahütte zum Gipfel

48

Die Tour im Überblick
Pfitscher-Joch-Straße (4. Kehre) – Landshuter Europahütte – Wildseespitze – retour

Orientierung und Schwierigkeit
Für einigermaßen bergerfahrene Wanderer unschwierig, eine kurze Strecke mit fixen Seilen erfordert erhöhte Trittsicherheit.

Gehzeit
Aufstieg 4 Std., Abstieg 3 Std.

Karten
1:50.000: Kompass, Blatt 44 (Sterzing); Freytag-Berndt, Blatt S 4 (Sterzing – Jaufenpass – Brixen); 1:25.000: Tabacco Blatt 037 (Hochfeiler – Pfunderer Berge)

7 Std. | 17 km | 927 Hm

Die nach zwei kleinen, nordseitig gelegenen Bergseen benannte Wildseespitze befindet sich westlich der Landshuter Europahütte im Kamm, der das Pfitschtal nordseitig begrenzt. Die gleichmäßig geformte Pyramide ist vom genannten Schutzhaus her über einen felsigen Blockgrat zugänglich, an dem ein paar nicht völlig harmlose Stellen mit fixen Drahtseilen und Eisenbügeln versehen und damit leichter begehbar gemacht wurden.

So erfordert der Zugang zwar etwas Gelenkigkeit, aber er ist trotzdem noch als unschwierig einzustufen; und da der Zeitaufwand ab der Hütte kaum mehr als eine Stunde beträgt, eignet sich die Wildseespitze auch für weniger gehfreudige Alpinisten.

Der Aufstieg zur Hütte und zum Gipfel beginnt am Parkplatz nahe der vierten Kehre der Pfitscher-Joch-Straße. Zunächst führt er durch Legföhren und Wald zur aufgelassenen Grieplalm mit ihren alten Blockhütten, und später mündet der Steig in den berühmten, die Hänge querenden Landshuter Höhenweg, über den der weitere Aufstieg zur Hütte verläuft.

Blick von unserem Anstieg zum Hochfeilermassiv

Vom Schutzhaus, das 1899 von der Alpenvereinssektion Landshut erbaut wurde, passieren wir nach kurzer, leicht absteigender Kammwanderung über große und kleine Felsblöcke die erwähnte die Strecke mit den erwähnten Sicherungen und Steighilfen, und keine halbe Stunde später stehen wir beim Gipfelkreuz der Wildseespitze, wo uns eine herrliche Aussicht über die Südtiroler und Nordtiroler Bergwelt erwartet.

Wegverlauf: Anfahrt von Sterzing ins innerste Pfitschtal und auf der ungeteerten Pfitscher-Joch-Straße hinauf bis zur vierten Kehre (1806 m; großer Parkplatz). Von da dem Wegweiser »Landshuter Europa-Hütte« folgend kurz hinauf zu Weggabel, von dort links auf Steig 4 A durch Latschen und Wald hinauf zur aufgelassenen Grieplalm, durch freie Berghänge weiter empor zum Landshuter Höhenweg und auf diesem (Mark. 3) links zuerst leicht auf und ab die Hänge querend und zuletzt in Serpentinen ansteigend zur Landshuter Europahütte (2693 m; Sommerbewirtschaftung; ab Ausgangspunkt knapp 3 Std.). Von der Hütte weiterhin der Markierung 3 folgend über den Blockgrat mit geringem Höhenverlust westwärts zu einer Gratsenke (ca. 2630 m, in diesem Bereich die erwähnten, großteils nordseitigen Sicherungen), dann auf dem markierten Steig das südseitige Blockwerk querend hinüber zum Westhang der Wildseespitze und rechts abdrehend über die Flanke problemlos hinauf zum Gipfel mit dem Kreuz (2733 m; ab Schutzhaus knapp 1 Std.).
Die Rückkehr zur Hütte (1 Std.) und zum Ausgangspunkt erfolgt über die beschriebene Aufstiegsroute in insgesamt knapp 3 Std.

Die zweigipflige Rotbachlspitze über dem Pfitscher Joch

Auf die Rotbachlspitze 2895 m

Unschwierige Gipfeltour am Pfitscher Joch

49

Die Tour im Überblick
Pfitscher-Joch-Straße (4. Kehre) – Pfitscher Joch – Rotbachlspitze – retour
Orientierung und Schwierigkeit
Für berggewohnte Geher unschwierig
Gehzeit
Aufstieg 3–3½ Std., Abstieg 2½ Std.
Karten
1:50.000: Kompass, Blatt 44 (Sterzing); Freytag-Berndt, Blatt S 4 (Sterzing – Jaufenpass – Brixen); 1:25.000: Tabacco Blatt 037 (Hochfeiler – Pfunderer Berge)

5–6 Std. | 10 km | 1089 Hm

Die Rotbachlspitze, im Volksmund meist kurz Rotbachler genannt, erhebt sich hoch über dem Pfitscher Talschluss. Durch ihre rötliche Färbung, die ihr den Namen gegeben hat und vom eisenoxidhaltigen Gestein stammt, und ihre zweihöckerige, frei aufragende Gestalt gehört sie zu den markantesten Gipfeln Südtirols.

Da der Ausgangs- und Endpunkt der Tour in über 1800 Meter Höhe liegt, muss für die Besteigung zwar ein Höhenunterschied von über 1000 Metern bewältigt werden, doch der Aufstieg ist unschwierig und am Weg liegt als Rast- und Stützpunkt das bewirtschaftete, um 1890 vom Knappenwirt Alois Rainer aus St. Jakob errichtete Pfitscher-Joch-Haus.

So machen wir uns denn vom Parkplatz bei der vierten Kehre der Pfitscher-Joch-Straße auf den Weg, steigen großteils über Grashänge hinauf zum Joch und zunächst noch weiter über Grashänge, zuletzt aber über steilen Gesteinsschutt, empor zum Gipfel.

Einer der kleinen Bergseen am Pfitscher Joch

Hier stehen wir auf einer Aussichtswarte ersten Ranges. Beeindrucken im Tuxer Kamm vor allem die Hochgipfel Schrammacher, Olperer, Gefrorene Wand und Riffler, so sind es im gegenüberliegenden Hochfernermassiv die zerrissenen Eiskatarakte, die in Kreisen tüchtiger Eiskletterer als Griesferner- und Hochferner-Nordwand bekannt sind. Und im Westen blicken wir auf das Pfitscher Tal hinab, das zu Recht als eines der schönsten Südtiroler Täler gilt.

Wegverlauf: Anfahrt von Sterzing nach St. Jakob in Pfitsch, weiter talein bis unter den Weiler Stein und auf der ungeteerten Pfitscher-Joch-Straße hinauf zum Parkplatz nahe der vierten Kehre (1806 m). Von da stets auf Steig 4 nordwärts zu Weggabel, der Beschilderung »Pfitscher Joch« folgend rechts hinauf zum Bereich des Pfitscher Jochs bzw. des gleichnamigen Schutzhauses (2275 m; knapp 1½ Std.). Weiterhin auf Steig 4 über Grashänge südostwärts hinauf zum Bergrücken, über diesen auf dem weiterhin guten Steig durch Grasgelände zum eigentlichen Bergaufbau und nun steiler über Blockwerk und Felsschutt empor zum Hauptgipfel mit dem Kreuz (2895 m; ab Pfitscher Joch knapp 2 Std., ab Ausgangspunkt 3–3½ Std.).
Empfohlener Abstieg: Über die Aufstiegsroute hinunter zum Pfitscher-Joch-Haus, auf Steig 3 südwärts rund ¾ Std. durch Grashänge und Gebüsch hinab und zuletzt kurz auf der Pfitscher-Joch-Straße zurück zur vierten Kehre.

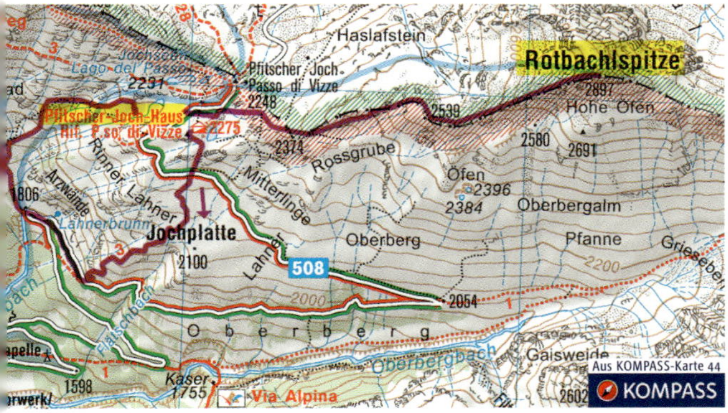

Das Gipfelkreuz auf dem Astjoch mit dem vergletscherten Zillertaler Hauptkamm im Hintergrund

Auf das Astjoch 2196 m

Im Reich der Lüsner und Rodenecker Almen

50

Die Tour im Überblick
Zumis-Parkplatz – Ronerhütte – Starkenfeldhütte – Astjoch – retour

Orientierung und Schwierigkeit
Für gehgewohnte Wanderer leicht und problemlos

Gehzeit
Hinweg und Aufstieg 2½ Std., Rückweg 2 Std.

Karten
1:50.000: Kompass, Blatt 56 (Brixen); Freytag-Berndt, Blatt S 4 (Sterzing – Jaufenpass – Brixen); 1:25.000: Tabacco, Blatt 030 (Brixen – Villnöß)

4–5 Std. | 16,5 km | 400 Hm

Das Astjoch – auch Burgstall genannt – ist ein mäßig ausgeprägter, aber frei und zentral gelegener und leicht ersteigbarer Gipfel im langen Höhenzug, der sich zwischen dem Lüsental, dem unteren Pustertal und dem äußeren Gadertal erhebt. Vom Gipfelkreuz aus genießt man eine Rundsicht, die von den Dolomiten über Sarntaler, Ötztaler, Stubaier und Zillertaler Alpen bis hin zum Ortler reicht.

Um die Besteigung des Berges mit einer längeren, gemütlichen Almwanderung zu verbinden, wählen wir als Zugang den beliebten Wanderweg, der weitgehend eben über die ausgedehnten Lüsner und Rodenecker Almen bis zum Bergfuß führt und von dort in vergleichsweise kurzem Aufstieg den Gipfel erreicht.

So entfällt dank der Möglichkeit, bis zum Westrand des großen Almgebietes mit dem eigenen Fahrzeug zu gelangen, ein langwieriger und kraftraubender Anstieg, und entlang des Weges bieten mehrere Almgaststätten Einkehrmöglichkeit.

Im Frühsommer blüht an den Hängen des Astjochs die Alpenazalee.

Bei diesen Almhöhen handelt es sich um eines der schönsten Wandergebiete Südtirols. Vom Bergfrühling bis zum Hochsommer blüht hier eine reiche Flora mit unzählige Blumenarten, während hinter den malerischen, über die Wiesen verstreuten Heuhütten der unverkennbare Peitlerkofel mit seiner senkrechten Nordwand in den Himmel ragt.

Wegverlauf: Anfahrt von Mühlbach im unteren Pustertal über das Rodenecker Dorf Nauders hinauf zum großen Zumis-Parkplatz (1725 m; hierher auch von Lüsen herauf möglich). Von da zu Fuß auf dem breiten Güterweg (oder zum Teil auf einem links abzweigenden und später wieder in den Güterweg mündenden Fußweg) der Beschilderung »Ronerhütte« und der Markierung 2 folgend – durch Wald und Wiesen in ½ Std. nahezu eben zur Ronerhütte (1832 m; Gastwirtschaft). Dann weiter auf dem breiten Weg 2 teils leicht ansteigend durch Wald, teils durch ebene Wiesen zur Starkenfeldhütte (1936 m; ebenfalls Gastwirtschaft, ab Ausgangspunkt 1½ Std.). Ab nun der Markierung 67 folgend zuerst auf dem breiten Weg ostwärts zum Nordwestfuß des Astjochs und von dort auf Fußweg bzw. Steig zuerst durch Wald und dann über den baumfreien Westrücken hinauf zum Gipfelkreuz (2196 m; ab Starkenfeldhütte 1 Std.).
Rückkehr zum Parkplatz: Auf dem beschriebenen Weg.

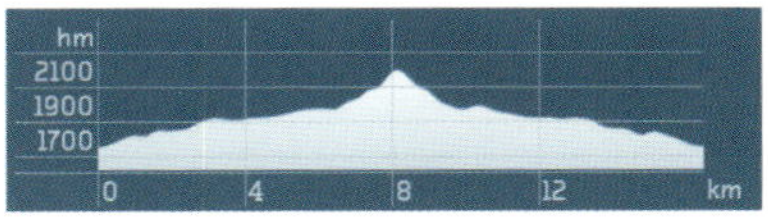

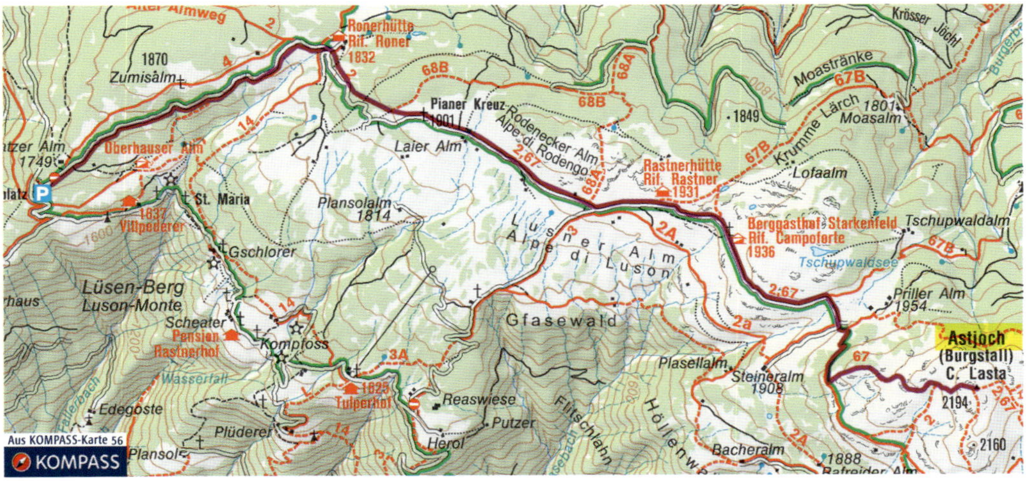

Der Fallmetzer mit der breiten Südflanke, über die der Aufstieg erfolgt

Auf den Fallmetzer 2568 m

Von Meransen in die grünen Pfunderer Berge

51

Die Tour im Überblick
Meransen – Gitschberg – Zasslerhütte – Fallmetzer – retour
Orientierung und Schwierigkeit
Für berggewohnte Geher unschwierig, der letzte Teil zum Gipfel allerdings teilweise steil und leicht ausgesetzt
Gehzeit
Aufstieg 2 Std., Abstieg 1½ Std.
Karten
1:50.000: Kompass, Blatt 56 (Brixen); Freytag-Berndt, Blatt S 4 (Sterzing – Jaufenpass – Brixen); 1:25.000: Tabacco, Blatt 037 (Hochfeiler – Pfunderer Berge)

3 ½ Std. | 7,5 km | 948 Hm

Der frei aufragende Fallmetzer befindet sich im Norden von Meransen bzw. im Südwesten von Pfunders. Seine breite Südwestflanke bricht steil und ungegliedert ins innere Altfaßtal ab, und zur Seite von Pfunders hin zeigt sich der Berg als besonders markante Felsgestalt.

So waren es denn auch Pfunderer Bergfreunde, die im August 2010 am höchsten Punkt das weithin sichtbare Gipfelkreuz errichteten.

Wir wählen Meransen als Ausgangspunkt für die Tour auf den Fallmetzer und schweben mit der Umlaufbahn hinauf zum Südrücken des Gitsch. So hält sich die zu bewältigende Höhenleistung mit rund 550 Meter durchaus in Grenzen.

Von der Bergstation der Bergbahn wandern wir auf einem hübschen Höhensteig hinein zur bekannten Zasslerhütte, überschreiten bald darauf ein Jöchl namens Ochsenboden hin zur Weißalm und stehen wenig später am Falzarer Joch, einem uralten Übergang zwischen Vals bzw. Meransen und Pfunders.

Am Weg zum Fallmetzer liegt die Zassleralm.

Und dann steigen wir auf steilem Pfad am grasbewachsenen Südhang empor und erreichen schließlich über den teilweise felsigen und sehr schmalen, aber für geübte Geher bei guten Verhältnissen nicht schwierigen Südostgrat das Gipfelkreuz.

Wir entdecken drüben unter dem Fensterlekofel den Großen Seefeldsee, wir blicken hinab auf das 1500 Meter unter uns liegende Pfunderer Tal; aber auch auf die vergletscherten Hochgipfel des Alpenhaupkammes und natürlich die schier endlose Zackenreihe der Dolomiten.

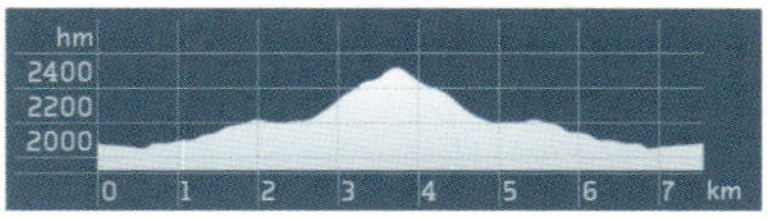

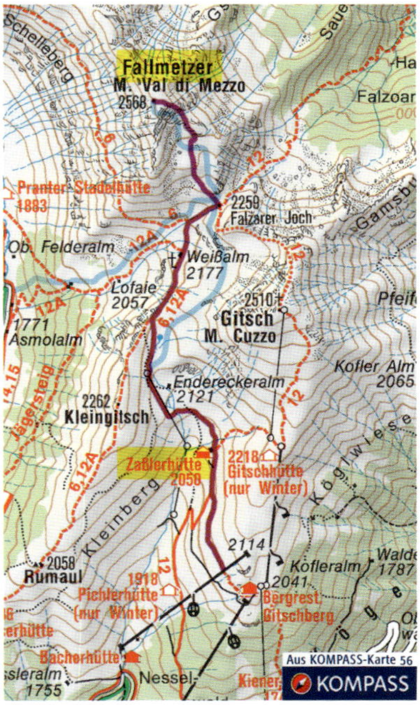

Wegverlauf: Anfahrt von Mühlbach nach Meransen und mit der Umlaufbahn hinauf zum Gitschberg (2107 m). Von der Bergstation nun auf Steig 21 die Hänge querend zur Zasslerhütte (2050 m; Almgaststätte), weiter zu Wegteilung und rechts weiterhin auf Weg 21 kurz hinauf zum Ochsenboden (2198 m; Senke mit Wegweisern). Nun auf Weg 6 am Hang leicht absteigend zur Weißalm (2177 m; unbewirtschaftete Hütte), kurz weiter zu Weggabel und rechts auf Steig 6 B kurz hinauf zum Falzarer Joch (2259 m). Nun links (nordwestwärts) teilweise auf einem alten Steig am begrasten Südhang hinauf zum Südostgrat, über diesen problemlos (Steigspuren) hinauf zu einem Zaun und nun teilweise steiler, aber für trittsichere Geher weiterhin nicht schwierig empor zu einem Gratköpfl und zum Gipfel (2568 m; ab Bergstation Gitschberg knapp 2 Std.).
Rückweg: Am kürzesten über den Aufstiegsweg (knapp 1½).

Die Eidechsspitze von Süden gesehen

Auf die Eidechsspitze 2738 m

Bekannter Gipfel in den südlichen Pfunderer Bergen

52

Die Tour im Überblick
Terenten – Englalm – Eidechsspitze – retour
Orientierung und Schwierigkeit
Unschwierige, aber lange Tour
Gehzeit
Aufstieg ab Terenten 4½ Std.,
Abstieg 3 Std.
Karten
1:50.000: Kompass, Blatt 56 (Brixen); Freytag-Berndt, Blatt S 4 (Sterzing – Jaufenpass – Brixen); 1:25.000: Tabacco, Blatt 033 (Bruneck und Umgebung)

7–8 Std. | 14,1 km | 1528 Hm

Mit seiner frei aufragenden, aussichtsreichen Spitze und der riesigen Westflanke gehört die Eidechsspitze zu den markantesten Berggestalten der Pfunderer Berge. Ich schlage hier den Aufstieg von Terenten über die im Bereich schöner Bergwiesen gelegene Englalm vor, die wir ab den letzten Höfen auf schattigem Waldweg erreichen.

Von dort geht es zwar absolut unschwierig, aber doch lang und steil hinauf zum Gipfelkreuz. Doch ungefähr auf Halbweg zwischen der Englalm und dem Gipfel liegt die Hütte der Kompfoßalm, die zwar unbewirtschaftet ist, aber im Notfall als Unterstand dienen kann.

Wie der Berg zu seinem seltsamen Namen gekommen sein mag, weiß man nicht; unwillkürlich denkt man dabei an irgendeinen Zusammenhang mit dem Tier, allerdings wurde das mundartliche »Hegedex« auch in Verbindung mit der Sage gesehen, nach welcher der Berg einst Sitz eines Hexenmeisters war.

Das Gipfelkreuz auf der Eidechsspitze gegen die Dolomiten

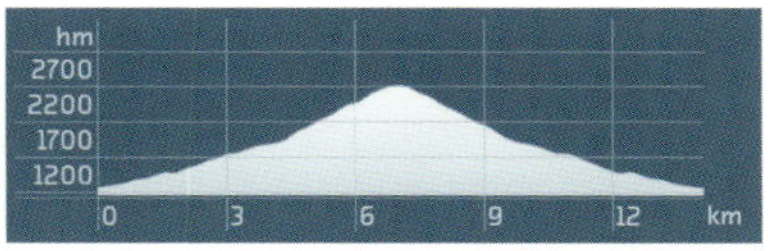

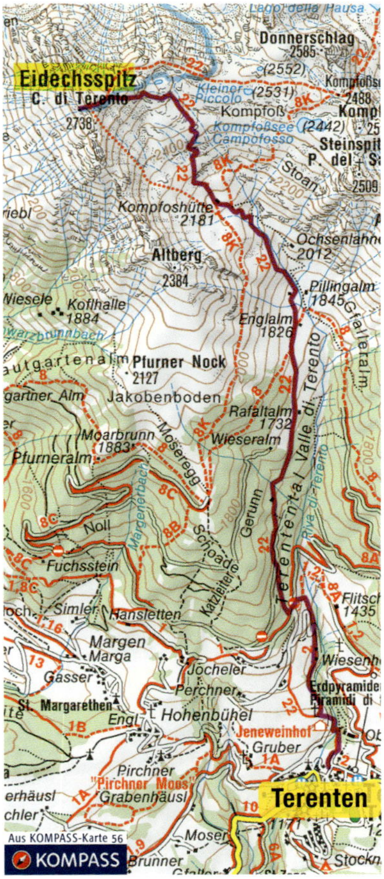

Wie dem auch sei. Am Gipfel wird man nicht nur die Dolomitenschau genießen, sondern auch den Blick zu den ziemlich nahen Gletscherbergen des Zillertaler Hauptkammes, und man wird fast schaudernd über die riesige Westflanke ins Pfunderer Tal hinabschauen, über die 1975 die Südtiroler Heini Holzer und Helmut Vitroler mit den Skiern abgefahren sind.

Wegverlauf: Von Terenten (1210 m) der Markierung 2 folgend auf dem Mühlenweg zu den Erdpyramiden beim Jeneweinhof, weiter zu ersten von mehreren Mühlen und links, weiterhin der Markierung 2 folgend, hinauf zur Höfestraße am oberen Rand der Wiesenhänge (ca. 1450 m, hierher auch mit dem Auto über die Sonnbergstraße möglich, Parkmöglichkeit; zu Fuß ab Terenten knapp 3/4 Std.). Nun stets der Markierung 22 folgend in mittelsteilem Anstieg großteils durch Wald hinauf zu Bergwiesen und zur Hütte der Englalm (1826 m; ab Terenten gut 2 Std.). Von da auf dem Fußsteig (weiterhin Nr. 22) in waldfreiem Steilgelände empor zur alten verwaisten Hütte der Kompfoßalm (2181 m), auf dem Steig 22 weiter steil ansteigend hinauf zum Ostgrat des Berges und über ihn problemlos zum Gipfel mit dem Kreuz (2738 m; ab Höfestraße knapp 4 Std., ab Englalm 2½ Std.).
Abstieg: Über die beschriebene Aufstiegsroute.

Die Kempspitze über dem Tiefrastensee

Auf die Kempspitze 2704 m

Über die Tiefrastenhütte zum Gipfel

53

Die Tour im Überblick
Terenten/Winnebachtal – Tiefrastenhütte – Kempspitze – retour
Orientierung und Schwierigkeit
Für gehgewohnte und einigermaßen trittsichere Bergwanderer unschwierige, orientierungsmäßig problemlose Tour
Gehzeit
Aufstieg 3½ Std., Abstieg 2½ Std.
Karten
1:50.000: Kompass, Blatt 56 (Brixen); Freytag-Berndt, Blatt S 4 (Sterzing – Jaufenpass – Brixen); 1:25.000: Tabacco, Blatt 033 (Bruneck und Umgebung)

6 Std. | 13 km | 1279 Hm

Östlich von Terenten im Pustertal ist das Winnebachtal eingeschnitten, ein schönes, wenn auch teilweise steiles Almtal, durch das unser Weg hinaufführt zum großen Tiefrastenkessel, während sich gerade vor uns die prächtige Berggestalt der Kempspitze erhebt.

Sie ist unser Tourenziel, doch bevor der eigentliche Gipfelanstieg beginnt, betreten wir die oberste Geländemulde des Tiefrastengebietes mit dem gleichnamigen Bergsee.

Hier errichtete die Alpenvereinssektion Brixen bereits im Jahre 1912 die Fritz-Walde-Hütte und 1978, nachdem die erste Unterkunft längst abgekommen war, die heutige Tiefrastenhütte.

So bilden See und Hütte ein bekanntes Zwischenziel am Weg zur Kempspitze, die sich nun nicht mehr als schlanke Pyramide, sondern mit breiter Flanke über uns erhebt und im See widerspiegelt.

Berghauswurz am Aufstieg zur Kempspitze

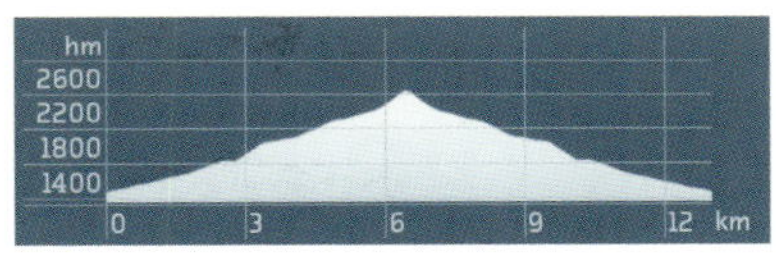

Nur noch 400 Höhenmeter trennen uns hier vom weithin sichtbaren Gipfelkreuz, und ein gut markierter und beschilderter Fußpfad führt teils über Grashänge, teils über etwas abschüssige, aber nicht schwierige Schrofen und Blöcke zum Ziel, das auch dank seiner herrlichen Aussicht als einer der lohnendsten Gipfel der Pfunderer Berge bezeichnet werden darf.

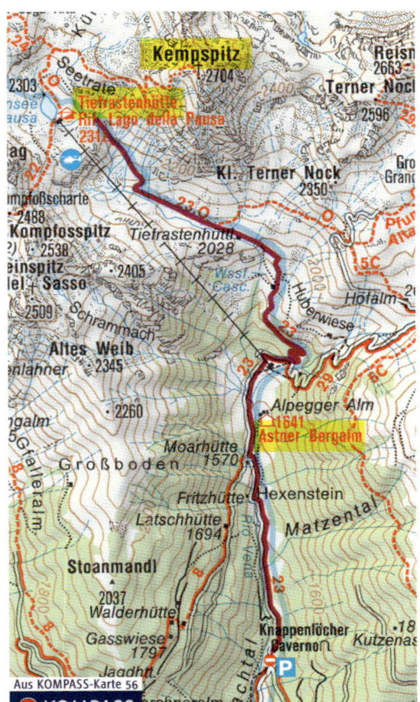

Wegverlauf: Anfahrt von Terenten ostwärts zur Straßenbrücke beim Weiler Ast und auf schmaler Straße hinauf zum Parkplatz im Winnebachtal (1425 m). Dann zu Fuß auf dem breiten Güterweg 23 talauf zur Astnerbergalm (1630 m; Ausschank), auf dem Weg 23 zunächst in Kehren durch Lärchenwald weiter zu den Bergwiesen und, vorbei an einer Hirtenhütte, durch ein kleines Hochtal hinauf zur Tiefrastenhütte am gleichnamigen Bergsee (2312 m; Sommerbewirtschaftung; ab Parkplatz 2½ Std.). Nun auf dem markierten Steig 24/25 kurz nordwärts bis zu Weggabel, hier rechts ab, auf Steig 25 der guten Markierung folgend anfangs über Grasgelände hinauf, dann über Blockwerk, Felsabsätze und Schrofen empor zum Nordgrat der Kempspitze und kurz südwärts zum Gipfelkreuz (2704 m; ab Hütte 1–1½ Std.).
Der Abstieg erfolgt über die beschriebene Aufstiegsroute.

Die Putzenhöhe über dem Grünbachsee

Auf die Putzenhöhe im Pustertal 2438 m

Über Moarhofalm und Grünbachsee zum Gipfel

54

Die Tour im Überblick
Hofern/Parkplatz Gelenke – Moarhofalm – Grünbachsee – Putzenhöhe – retour
Orientierung und Schwierigkeit
Für gehgewohnte Wanderer leicht und problemlos
Gehzeit
Aufstieg gut 2½ Std., Abstieg knapp 2 Std.
Karten
1:50.000 Kompass, Blatt 56 (Brixen); Freytag-Berndt, Blatt S 3 (Pustertal – Bruneck – Drei Zinnen); 1:25.000: Tabacco, Blatt 033 (Bruneck und Umgebung)

4–5 Std. | 11,1 km | 850 Hm

Die Putzenhöhe erhebt sich in dem zwischen unterem Pustertal und Mühlwalder Tal aufragenden Kamm. Sie ist nicht, wie man aufgrund des Namens vermuten könnte, nur eine unbedeutende »Höhe«, sondern ein durchaus ausgeprägter Gipfel mit umfassender Aussicht.

Deshalb, aber auch wegen der leichten Ersteigbarkeit und der landschaftlichen Reize entlang des Weges, ist die Besteigung der Putzenhöhe eine lohnende Gipfeltour.

Der Aufstieg beginnt an einem Parkplatz im Wald oberhalb der Höfe des Weilers Tal. Er führt zunächst zur bewirtschafteten Moarhofalm und später über die freien Almhänge des steilen Grünbachtales hinauf. Am Weg liegen zuerst die Hütten der Grünbachalm und später kommen wir am hübschen Grünbachsee vorbei, der am Südwestfuß der Putzenhöhe in einer Almmulde liegt.

Der Aufstieg vom See zum Gipfel ist dann nicht mehr zu verfehlen, die noch zu bewältigende Höhenleistung ist mit

Blick von der Putzenhöhe aus – Wolkenstimmung über den Tiefrastenbergen

180 Meter gering, und so stehen wir schon bald am großen Gipfelkreuz, wo uns der atemberaubende Tiefblick auf das Mühlwalder Tal erwartet, die Schau hinüber zu den Gletscherbergen der Zillertaler Alpen im Norden und das endlose Panorama der Dolomiten im Süden.

Wegverlauf: Anfahrt von Kiens oder Bruneck nach Issing, westwärts hinauf zum Weiler Hofern und bergseitig abzweigend auf schmaler Höfestraße hinauf zu dem im Wald gelegenen Parkplatz »Gelenke« (1591 m). Nun zu Fuß stets der Markierung 65 folgend teils auf dem Fußweg, teils auf dem breiten Forstweg durch Wald hinauf zur Moarhofalm (1838 m, Ausschank; ab Parkplatz knapp 1 Std.). Nun auf Weg 65 weiter bergan zur Unteren Grünbacher Alm (1943 m) dann vorbei an der obersten Almhütte empor zum Grünbachsee (2258 m; ab Parkplatz gut 2 Std.) und weiterhin der Markierung 65 folgend am steindurchsetzten Hang unschwierig empor zum Gipfelkreuz (2438 m; ab See gut ½ Std.).
Der Abstieg erfolgt über die beschriebene Aufstiegsroute.

Das Gipfelkreuz auf der Plattner Spitze

Auf die Plattner Spitze 2435 m

Leichte Alm- und Gipfelwanderung bei Pfalzen

55

Die Tour im Überblick
Platten – Plattner Alm – Plattner Spitze (Bärentaler Spitze) – retour
Orientierung und Schwierigkeit
Für gehgewohnte Bergwanderer leicht und problemlos; die gesamte Route ist gut markiert.
Gehzeit
Aufstieg gut 2½ Std., Abstieg 2 Std.
Karten
1:50.000: Kompass, Blatt 57 (Bruneck – Toblach) und Blatt 82 (Taufers – Ahrntal); Freytag-Berndt, Blatt S 3 (Pustertal – Bruneck – Drei Zinnen); 1:25.000: Tabacco, Blatt 033 (Bruneck und Umgebung)

4 ½–5 Std. | 12,8 km | 835 Hm

Der aus etlichen Höfen bestehende Bergweiler Platten, der oberhalb der Weitung von Pfalzen liegt und auf guter Straße erreichbar ist, bildet den Ausgangspunkt unserer Wanderung zur gut 2400 Meter hohen Plattner Spitze.

Unser Gang führt zunächst auf breitem Forstweg hinein zur bewirtschafteten Plattner Alm, dann hinauf zu den zwar nicht großen und teilweise auch schon verlandeten, landschaftlich aber hübschen Plattner Seen und schließlich, stets einer guten Markierung folgend, auf die Plattner Spitze.

Auch wenn der Gipfel – eigentlich ein Doppelgipfel – nicht in allen Karten verzeichnet ist, so gehört er doch zu den höchsten und aussichts reichsten Erhebungen im Kamm zwischen dem Pfalzner Gebiet und dem äußeren Mühlbacher Tal.

So zeichnet ihn denn eine umfassende Aussicht über die Pfunderer Berge, den Zillertaler Hauptkamm, die Rieserfernergruppe und die Dolomiten aus, und das weithin sichtbare

Die Bärentaler Spitze, Nachbargipfel der Plattner Spitze

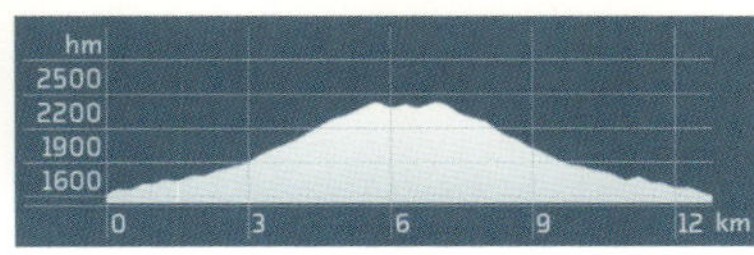

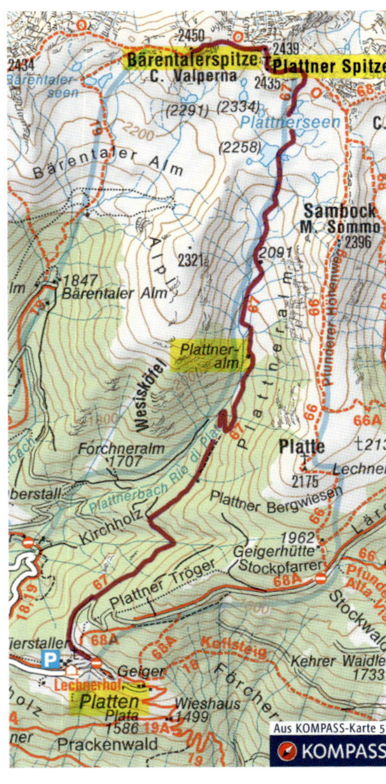

Gipfelkreuz mit dem Gipfelbuch verleiht dem Berg noch zusätzliche Anziehungskraft.

Und wem das Erreichen der Plattner Spitze nicht ganz genügen sollte, kann mit geringem Mehraufwand mit kurzem Ab- und Gegenanstieg auch noch die westlich benachbarte, markante und mit 2450 Metern sogar geringfügig höhere Bärentaler Spitze besteigen.

Wegverlauf: Anfahrt von Bruneck oder Kiens nach Pfalzen und weiter zum Bergweiler Platten (ca. 1600 m; Parkmöglichkeit im Bereich des Lechnerhofs). Von dort stets der guten Markierung 67 folgend auf breitem Forstweg teils eben, teils leicht ansteigend durch Wald hinein ins Plattner Tal und hinauf zur Plattner Alm (ca. 1830 m; Ausschank; ab Platten 1 Std.). Dann auf dem Steig 67 über Almgelände großteils mittelsteil hinauf zu den kleinen Plattner Seen, weiter hinauf zu einer Kammsenke östlich des Gipfels und auf gutem Steig über den Grat leicht und problemlos westwärts in wenigen Minuten zum Gipfelkreuz (2435 m; ab Platten knapp 3 Std.). Vom Gipfel der Plattner Spitze ist der Abstecher zur westlich benachbarten Bärentaler Spitze (2450 m, etwa 20 Min.) empfehlenswert.
Der Abstieg erfolgt über die beschriebene Aufstiegsroute.

Am Gipfel des Sambock

Auf den Sambock 2396

Leichter Gipfel über der Brunecker Weitung

56

Die Tour im Überblick
Platten – Sambock – retour
Orientierung und Schwierigkeit
Je nach Wahl des Abstiegs absolut leichte oder etwas weniger leichte Bergtour
Gehzeit
Aufstieg 2½ Std., Abstieg 2 Std.
Karten
1:50.000: Kompass, Blatt 57 (Bruneck – Toblach) und Blatt 82 (Taufers – Ahrntal); Freytag-Berndt, Blatt S 3 (Pustertal – Bruneck – Drei Zinnen); 1:25.000: Tabacco, Blatt 033 (Bruneck und Umgebung)

4–5 Std. | **9 km** | **810 Hm**

Der Sambock, der bereits im älteren Schrifttum wiederholt aufscheint, erhebt sich nördlich von Pfalzen frei über zwei Almtälern und bietet eine Rundsicht, die von den Sarntaler Alpen bis zu den Osttiroler Bergen reicht und die vergletscherten Zillertaler Alpen und Rieserferner ebenso umfasst wie fast die gesamten Dolomiten.

Der Berg ist absolut leicht zu besteigen: Vom 1600 Meter hoch gelegenen Bergweiler Platten geht es zuerst fast gemütlich durch schöne Nadelwälder und dann zieht ein nur sanft ansteigender, ziemlich breiter Graskamm zum Gipfel.

Wer die Tour nur bequem haben will, benützt für den Abstieg den Aufstiegsweg, wer ihr aber etwas Würze beigeben will, überschreitet den Berg von Süd nach Nord und begeht dabei den gezackten Nordgrat. Dieser ist zwar nicht schwierig, über ihn verläuft großteils auch der markierte, an einer Stelle mit einem Stahlseil versehene Steig, aber ein paar Stellen erfordern leichte Blockkletterei.

Heuhütte am Weg zum Sambock

Haben wir dann die hübsche Felsturnerei hinter uns, liegt wieder nur noch Gras- und Waldgelände vor uns und wir steigen über blumen- und wasserreiche Hochweiden zur Plattner Alm ab, wo wir letzte Rast halten, bevor wir zum Ausgangspunkt zurückkehren.

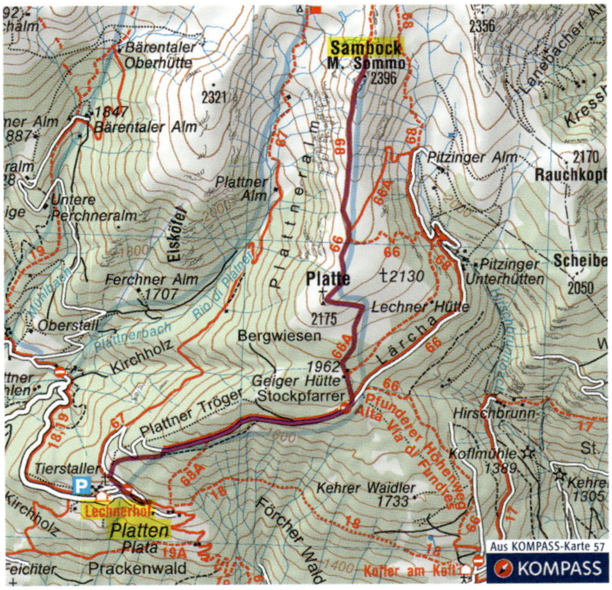

Wegverlauf: Anfahrt von Pfalzen zum Bergweiler Platten (Parkmöglichkeit im Bereich des Lechnerhofs, 1586 m). Von da stets der Beschilderung »Sambock« und der Markierung 66 (möglicherweise auch noch 66 A) folgend auf Fuß- und Forstwegen großteils nur mäßig ansteigend zur Waldgrenze, dann über die Bergwiesen empor zur flachen Kuppe »Auf den Platten« (2175 m) und nordwärts weiter auf Steig 66 A über den Graskamm leicht ansteigend zum Gipfelkreuz (2396 m; ab Ausgangspunkt ca. 2½ Std.).

Abstieg: Entweder auf dem Aufstiegsweg oder – für etwas Geübte – auf folgender Route: Vom Gipfel der Punktmarkierung folgend teils auf Steig, teils weglos über Felsblöcke (Stahlseil an einer kurzen, etwas ausgesetzten Felsquerung) über den nur leicht absinkenden Nordgrat zu einer Gratsenke (2365 m), von dort links, westseitig, über steile Grasstufen hinab zum Steig 67, auf diesem mittelsteil über Grashänge hinunter zur Plattner Almhütte (ca. 1940 m, Ausschank) und bald auf breitem Forstweg (stets Nr. 67) hinaus nach Platten (ab Gipfel gut 2 Std.)

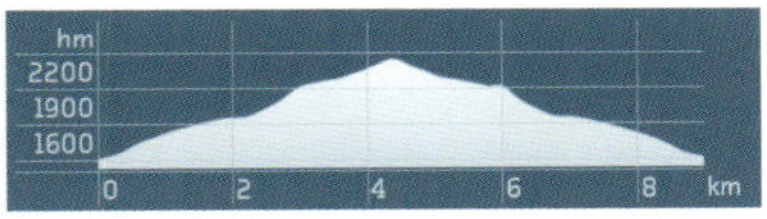

Auf dem Maurerberg – im Hintergrund der vergletscherte Alpenhauptkamm

Auf den Maurerberg 2332 m

Leichtes Wanderziel im Tourengebiet des Würzjochs

57

Die Tour im Überblick
Pé de Börz – Maurerberghütte – Maurerberg – retour
Orientierung und Schwierigkeit
In jeder Hinsicht leicht und problemlos
Gehzeit
Aufstieg knapp 2 Std., Abstieg 1½ Std.
Karten
1:50.000: Kompass, Blatt 56 (Brixen); Freytag-Berndt, Blatt S 3 (Pustertal – Bruneck – Drei Zinnen); 1:25.000: Tabacco, Blatt 031 (Pragser Dolomiten – Enneberg)

3–3 ½ Std. | 8,6 km | 463 Hm

Der wuchtige Maurerberg gehört zu den nördlichen Randbergen der Dolomiten, und als solcher zeichnet er sich einerseits als grasbewachsene und leicht ersteigbare Erhebung und andererseits aufgrund seiner freien Lage als erstrangige Aussichtswarte aus.

Am höchsten Punkt steht ein großes Gipfelkreuz, das 1977 durch Bischof Joseph Gargitter eingeweiht wurde, wie eine Erinnerungstafel kundtut. Als naturkundliche Besonderheit sei hingegen eine köstliche, glasklare Kresswasserquelle erwähnt, die nordseitig knapp unter dem Gipfel leise glucksend zutage tritt.

Der Name Maurerberg geht auf den einst sehr bedeutenden Maurerhof in Lüsen zurück, zu dem unter anderem auch die Maurerbergalm gehörte. So erzählt der Bergname auch von Zeiten, in denen die Almwirtschaft noch weit größere Bedeutung hatte als heute.

Ich schlage hier für den Aufstieg die verhältnismäßig bequeme Südseite vor, wo die Gipfeltour am Pé de Börz, einem

Arnika, eine der vielen Blumen an den Hängen des Maurerberges

Parkplatz an der Würzjochstraße in fast 1900 Meter Höhe, beginnt und über die bewirtschaftete Maurerberghütte geradezu bequem zum Gipfel führt.

Aufgrund ihrer Kürze und der geringen Steigung des Anstiegs ist diese Bergwanderung auch weniger tüchtigen Gehern sowie Familien mit Kindern zu empfehlen.

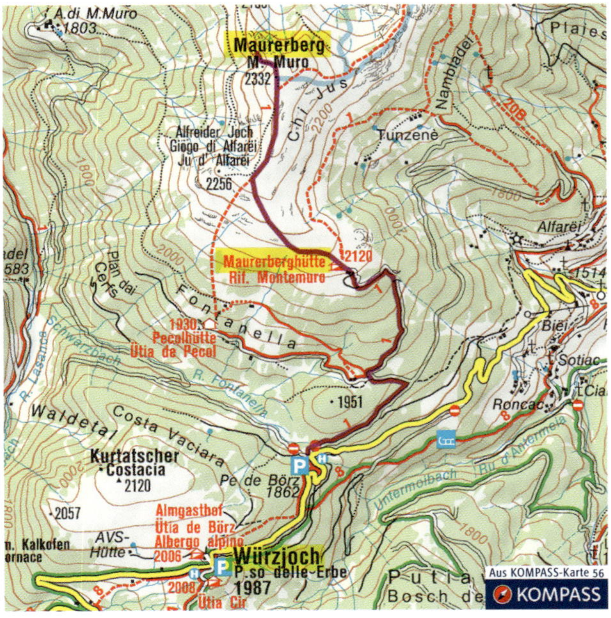

Wegverlauf: Anfahrt vom Pustertal durch das Gadertal nach Untermoi und von dort hinauf zum Parkplatz am Pé de Börz (1869 m; hierher auch vom Eisacktal über das Würzjoch möglich). Vom Parkplatz dann zu Fuß stets der Markierung 1 folgend auf breitem Güterweg durch Wald und zuletzt im Almgelände hinauf zur Maurerberghütte (2156 m; privates Berggasthaus; ab Parkplatz 1 Std.). Von da weiterhin der Markierung 1 und ein Stück einem Lift folgend über den Grasrücken hinan zur sanften Kuppe des Alfreider Joches (2280 m) und nur noch sehr leicht ansteigend zum großen Gipfelkreuz des Maurerbergs (2332 m); ab Hütte ¾ Std. Abstieg: Wie Aufstieg (Gehfreudige können auch zum Lüsner Joch und zur Höfegruppe Alfarei, 1656 m, absteigen, von wo allerdings dann wieder zum Pé de Börz aufgestiegen werden muss).

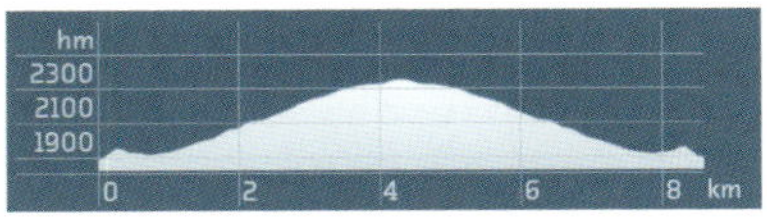

Die Kreuzspitze ist der »Hausberg« von Wengen im Gadertal

Auf die Kreuzspitze im Gadertal 2021 m

Kleine, aber lohnende Gipfeltour von Wengen aus

58

Die Tour im Überblick
Wengen / Ciurnadù – Ritjoch – Kreuzspitze – Ritwiesen – Ciurnadù
Orientierung und Schwierigkeit
Für gehgewohnte Wanderer leicht und problemlos
Gehzeit
Aufstieg 1½ Std., Abstieg (über die Ritwiesen) 1½ Std.
Karten
1:50.000: Kompass, Blatt 57 (Bruneck – Toblach); Freytag-Berndt, Blatt S 3 (Pustertal – Bruneck – Drei Zinnen); 1:25.000: Tabacco, Blatt 07 (Alta Badia)

3 Std. | 7,6 km | 420 Hm

Bekanntlich zählt das sonnige Höhendorf Wengen und seine Umgebung mit den ausgedehnten Wiesen, Weilern, Wäldern und Bergen zu den besonders lohnenden Wandergebieten des Gadertales.

Ein gern besuchtes Ziel ist die Kreuzspitze (ladinisch Crusc da Rit), die als markanter, ein weithin sichtbares Gipfelkreuz tragender Felsvorsprung gerade über der Siedlungslandschaft von Wengen aufragt.

Von einem Parkplatz oberhalb von Wengen führt uns der Weg zunächst durch Wald und Wiesen hinauf zum Ritjoch, einem Waldsattel, in dem ein idyllischer kleiner Weiher liegt. Sodann queren wir leicht ansteigend die nordseitigen Waldhänge bis zum Rand der Ritwiesen und erreichen, zuletzt scharf rechts abbiegend, bald darauf die Kreuzspitze mit dem 1983 errichteten Gipfelkreuz.

Nachdem wir hier die Aussicht über das Gadertal und seine Bergwelt genossen haben – eine Rastbank lädt zum Verweilen

Der malerische Weiher am Ritjoch

ein – kehren wir zu den Ritwiesen zurück. Wer es eilig hat, wählt für den Abstieg den Aufstiegsweg, lohnender, wenn auch teilweise steiler ist, jedoch die Route über die Ritwiesen.

Dabei wandern wir über die im Blütenzauber des Sommers wie in den goldenen Farben des Herbstes gleichermaßen schönen, von eindrucksvollen Felshäuptern überragten Grasböden auf breitem Weg eben dahin, bis der Weg sich entschieden talwärts wendet und uns schließlich wieder zum Ausgangspunkt zurückbringt.

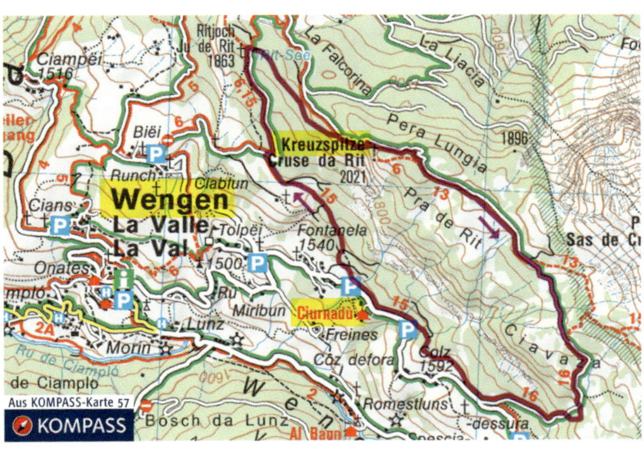

Wegverlauf: Vom kleinen Parkplatz kurz vor dem Gasthaus Ciurnadù (ca. 1600 m; etwas höher ein weiterer, größerer Parkplatz) der Markierung 15 und den Wegweisern »Crusc da Rit« folgend auf Fußweg durch Wald hinauf zu einer Wiese und durch Wald weiter zum Ritjoch (1863 m; Ju da Rit). Nun rechts auf dem Fußpfad über einen Waldkamm und die steilen Nordhänge der Kreuzspitze querend hinüber zu einem Wegkreuz am Rand der Ritwiesen und rechts dem Schild »Crusc da Rit« folgend auf einem Waldsteig in wenigen Minuten nahezu eben hinaus zur Kreuzspitze (2021 m; ab Ausgangspunkt 1½ Std.). Dann zurück zum genannten Wegkreuz, rechts auf breitem Weg weitgehend eben durch die Ritwiesen, schließlich steil hinunter zu einem querenden Weg, auf diesem rechts zur querenden Höfestraße und auf dieser kurz hinaus zum Ausgangspunkt (ab Kreuzspitze knapp 1½ Std.).

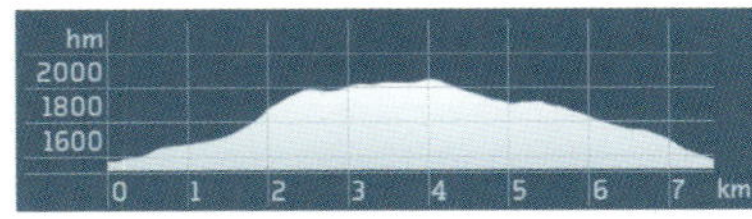

Der Pares oder Paresberg über den bekannten Ritwiesen

Auf den Pares 2396 m

Unschwierige Gipfeltour bei Wengen im Gadertal

59

Die Tour im Überblick
Wengen – Ciurnadù – Paresberg – retour
Orientierung und Schwierigkeit
Orientierungsmäßig problemlos; oberhalb der Waldgrenze ist der Steig stellenweise etwas felsig und ausgesetzt, aber unschwierig begehbar.
Gehzeit
Aufstieg 2½ Std., Abstieg gut 1½ Std.
Karten
1:50.000: Kompass, Blatt 57 (Bruneck – Toblach; Freytag-Berndt, Blatt S 3 (Pustertal – Bruneck – Drei Zinnen); 1:25.000: Tabacco, Blatt 07 (Alta Badia – Arabba – Marmolada)

4 Std. | 7,4 km | 786 Hm

Der Pares, der auch Sas de Crosta oder Paresberg genannt wird, ist ein ausgeprägter Gipfel, der sich, der Fanesgruppe nördlich vorgelagert, zwischen dem Wengental und dem Rautal erhebt. Im Gegensatz zur schroffen Nordseite ist die gegen das Wengener Gebiet abdachende Südwestflanke zwar auch felsig, aber doch gut begehbar. So führt denn hier auch eine markierte Route bis hinauf zum Gipfelkreuz.

Ausgangspunkt für die Tour ist ein Parkplatz oberhalb von Wengen in 1600 Meter Höhe. Der Weg ist anfangs breit und fast eben, dann geht es ziemlich steil durch den Wald bergan, und in der Flanke, die zum begrasten Südrücken führt, ist der Pfad teilweise auch felsig und leicht ausgesetzt. Aber wer über Schwindelfreiheit und normale Gehfähigkeit verfügt, für den ist der Pares ein leicht ersteigbarer Berg.

Hat man dann das Kreuz auf dem markanten Südgipfel oder den geringfügig höheren Hauptgipfel erreicht, erweist sich unser Tourenziel als eine großartige Aussichtswarte. Im Osten,

Der Gipfel des Paresberges – der Aufstieg erfolgt rechts über den Grasrücken.

Süden und Westen erheben sich die Felsbastionen der Dolomiten, wobei uns der Neuner und Zehner – 2968 Meter hoch der eine und sogar 3026 Meter hoch der andere – ganz besonders in ihren Bann ziehen, während im Norden die Gletscher des Alpenhauptkammes glänzen.

Wegverlauf: Anfahrt von Pederoa im Gadertal hinauf nach Wengen (La Val) und auf der Höfestraße weiter bis zum Parkplatz kurz nach dem Gasthaus »Ciurnadù« (1610 m). Von da stets den Wegweisern »Pares« folgend zunächst auf dem breiten Weg 15 bis zum links abzweigenden Weg 16, auf diesem durch Wald und Bergwiesen steil hinauf zur nächsten Weggabel, hier rechts ab und auf schmalem Steig (weiterhin Nr. 16) durch Wald empor zu einer letzten Hütte in gut 2000 m Höhe. Dann den Wald und die Latschen allmählich verlassend auf dem teilweise etwas felsigen und ausgesetzten Steig steil hinauf zum begrasten Südrücken des Berges und über diesen weiterhin auf Steig 16 problemlos hinauf zum Kreuz auf dem Südgipfel (2384 m; ab Parkplatz 2½ Std.); der nahe Höchstpunkt (2396 m) ist ebenfalls leicht zu erreichen.

Absteig: Über den Aufstiegsweg (gut 1½ Std.).

Der Col Bechei (oder Pareispitze) mit der Bergflanke, über die der Aufstieg erfolgt

Auf den Col Bechei 2794 m

Prachtberg über Fanes und Limosee

60

Die Tour im Überblick
Pederü – Klein-Fanes – Limosee – Col Bechei – retour
Orientierung und Schwierigkeit
Für bergerfahrene Wanderer unschwierig, im letzten Abschnitt aber steil und etwas felsig
Gehzeit
Aufstieg 4 Std., Abstieg 3 Std.
Karten
1:50.000: Kompass, Blatt 57 (Bruneck – Toblach); Freytag-Berndt, Blatt S 3 (Pustertal – Bruneck – Drei Zinnen); 1:25.000: Tabacco, Blatt 07 (Alta Badia – Arabba – Marmolada)

7 Std. | 17,7 km | 1249 Hm

Der Col Bechei, auch Pareispitze genannt, ist ein sehr wuchtiger Berg mit einem langen, mehrere Erhebungen tragenden Gipfelgrat östlich über dem Limosee und damit über den Almen Klein- und Groß-Fanes.

Als Ausgangspunkt für seine Besteigung wählen wir den Gasthof Pederü im innersten Rautal. Von da steigen wir hinauf zur Faneshütte auf der Alm Klein-Fanes, weiter hinauf zum Limojoch und zum erwähnten, etwas tiefer gelegenen Limosee, in dessen Umgebung die Murmeltiere ihre Baue haben.

Unmittelbar am See beginnt dann der eigentliche Aufstieg zum Col Bechei. Der markierte Steig führt durch Grashänge hinauf zu einer Quelle und weiter über Blockwerk zu einer grünen Grasterrasse, von der aus nicht nur der Weiterweg, sondern auch endlich das Gipfelkreuz sichtbar wird.

War der Anstieg bis hierher absolut leicht und problemlos, so nimmt nun die Steigung zu, man verlässt bald den Grashang und erklimmt nicht schwierig, aber etwas mühsam einige Felsschrofen und steiles Geröll.

Der Gipfel des Col Bechei – im Hintergrund die Ampezzaner Berge

Doch oben am Westgrat, wo wir erstmals weit nach Norden schauen und einen Vorgeschmack vom Panorama auf dem nahen Gipfel erhalten, haben wir auch diese Strecke hinter uns, und mit wenigen Schritten erreichen wir das Kreuz am höchsten Punkt, einem der lohnendsten Gipfel des Gadertals.

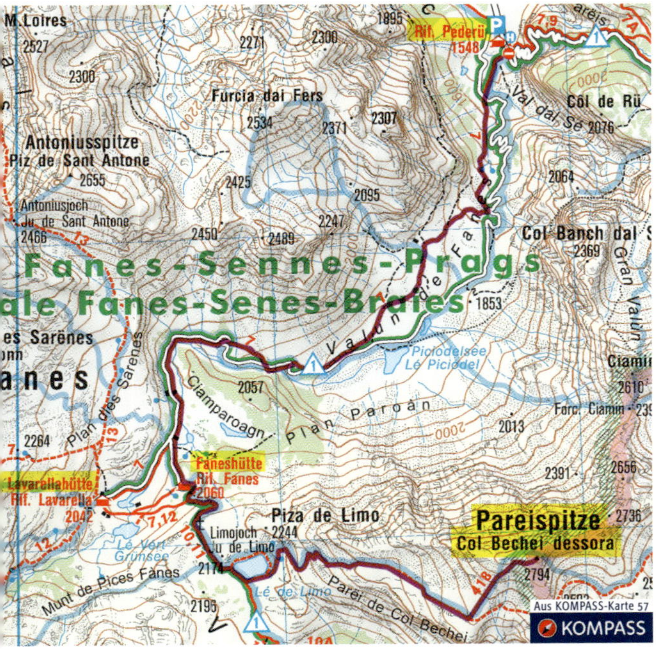

Wegverlauf: Von Pederü (1545 m; Gasthof, Parkplätze) teils auf Fußweg 7, teils auf breitem Fahrweg hinauf zur Almmulde Klein-Fanes und zur Lavarellahütte (2042 m; unweit davon die Faneshütte; beide sind bewirtschaftete Schutzhäuser; ab Pederü 2–2½ Std.); hier evtl. Nächtigung.

Weiter zum Col Bechei: Von der Faneshütte auf breitem Schotterweg in Kehren südostwärts hinauf zum Limojoch (2172 m) und kurz hinunter zum nahen gleichnamigen See (2159 m). Hier vom breiten Güterweg links ab, dem Wegweiser »Col Bechei« folgend auf markiertem, gutem Steig ostwärts über teilweise begraste Hänge hinauf zu einer flachen grünen Hangschulter und nordostwärts zuerst noch über Gras und später teils über Felsschrofen, teils über steiles Geröll (stets markierter Steig) empor zum Gipfel (2794 m; ab Klein-Fanes gut 2 Std., ab Pederü 4 Std.).

Abstieg: Wie Aufstieg (insgesamt 3 Std.)

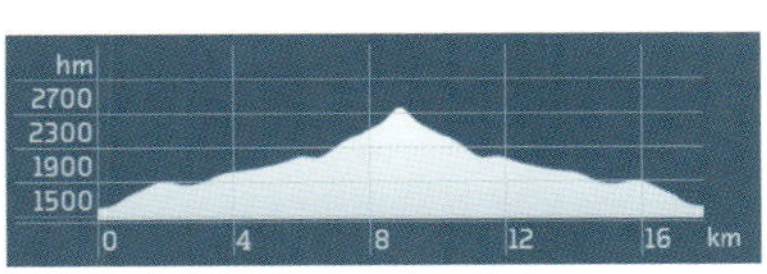

Der Heiligkreuzkofel mit seiner senkrechten Westwand und der leicht ersteigbaren Ostflanke – im Hintergrund der Zillertaler Hauptkamm

Auf den Heiligkreuzkofel 2907 m

Von Pederü über Klein-Fanes zum Gipfel

61

Die Tour im Überblick
Pederü – Klein-Fanes – Heiligkreuzkofel – retour
Orientierung und Schwierigkeit
Für bergerfahrene Geher unschwierig
Gehzeit
Aufstieg ab Pederü 5 Std., Abstieg 4 Std.
Karten
1:50.000: Kompass, Blatt 57 (Bruneck – Toblach); Freytag-Berndt, Blatt S 3 (Pustertal – Bruneck – Drei Zinnen); 1:25.000: Tabacco, Blatt 031 (Pragser Dolomiten – Enneberg)

8–9 Std. | 25,3 km | 1363 Hm

Mit seinen riesigen Felswänden zeigt sich der Heiligkreuzkofel – ladinisch Sas dla Crusc – nach Westen hin als einer der beeindruckendsten Berge des Gadertales. Den »leichtesten« Anstieg vermittelt auf jener Seite der lange und steile Klettersteig von Heiligkreuz zur Kreuzkofelscharte.

Wir wählen jedoch den wesentlich leichteren Aufstieg über die Ostseite. Von Pederü im innersten, bei St. Vigil in Enneberg beginnenden Rautal wandern wir zunächst hinauf zur bekannten, von Sagen umrankten Alm- und Seenmulde von Klein-Fanes mit ihren beiden Schutzhütten und dem Freinademetz-Kirchlein.

Dann geht es auf markiertem Steig mäßig ansteigend weiter zur genannten Kreuzkofelscharte, die eigentlich keine Scharte, sondern ein breites Joch ist. Und von dort führt der markierte Fußpfad unschwierig zur Gipfelflanke und an dieser in Kehren hinauf zum großen Kreuz.

Der Grünsee auf der Alm Klein-Fanes; im Hintergrund die Eisengabelspitze

Hier in gut 2900 Meter Höhe erwarten uns natürlich eine grenzenlose Fernsicht und eine herrliche Gipfelstunde, bevor wieder über die Aufstiegsroute und über Klein-Fanes abgestiegen wird.

Und in Pederü haben wir eine zwar lange und daher nur ausdauernden und bergerfahrenen Gehern vorbehaltene, aber unschwierige und großartige Tour hinter uns.

Wegverlauf: Vom Gasthaus Pederü (1545 m; hierher Straße von St. Vigil in Enneberg herein) entweder auf dem breiten Fahrweg nur mäßig steil oder auf dem anfangs ziemlich steilen, aber markierten Fußweg hinauf zu einer Hangverflachung und dann teils auf dem Fußweg, teils auf dem Fahrweg weiter zur Almmulde Klein-Fanes mit der Faneshütte und der Lavarellahütte (ca. 2040 m; Schutzhütten mit Sommerbewirtschaftung; ab Pederü 2 Std.). Dann von der Lavarellahütte auf dem Steig 12 (später kurz 7/12) durch lichte Baumbestände hinauf zu freien Böden und Mulden, bei der zweiten Wegteilung rechts weiter und auf Steig 7 mäßig ansteigend hinauf zur Kreuzkofelscharte (2612 m, lad. Ju dla Crusc). Hier nun rechts ab, auf dem markierten Steig (Mark. 7 B) über den Kamm leicht ansteigend nordwärts hinauf zum Gipfelaufschwung, bei Wegteilung links ab und am steinigen Hang im Zickzack empor zum Gipfelkreuz (2907 m; ab Fanes 3 Std.).
Abstieg: Wie Aufstieg (insgesamt bis Pederü 4 Std.).

Der Sassongher von Süden gesehen – der Aufstieg erfolgt von Norden her.

Von Kolfuschg auf den Sassongher 2665 m

Mächtiger Felsturm mit kurzem Klettersteig

62

Die Tour im Überblick
Kolfuschg – Col Pradat – Sassongher – Kolfuschg

Orientierung und Schwierigkeit
Für bergerfahrene, schwindelfreie und trittsichere Berggeher nicht schwierig

Gehzeit
Aufstieg 2–2½ Std., Abstieg knapp 2 Std.

Karten
1:50.000: Kompass, Blatt 59 (Sellagruppe); Freytag-Berndt, Blatt S 5 (Gröden – Cortina – Marmolada); 1:25.000: Tabacco, Blatt 07 (Alta Badia – Arabba – Marmolada)

4–4 ½ Std.	7 km	645 Hm	945 Hm

Der turmartige Sassongher ragt so kühn über dem Talbecken von Corvara auf, dass man ihn – zumindest von Süden gesehen – für unbesteigbar halten könnte. Dennoch besitzt der Berg einen für geübte Berggeher relativ unschwierigen Aufstieg. Er führt von Westen zur Sassongher-Scharte und von dort über einen kurzen Klettersteig zum Gipfel.

Zuerst schweben wir mit der Umlaufbahn hinauf zum Col Pradat, wandern hinein ins Edelweißtal und in diesem kurz hinauf, bis der eigentliche Steig zum Sassongher abzweigt und sich geradezu erschreckend wild aussehenden Felsfluchten zuwendet. Dabei zeigt sich aber bald, dass in den senkrechten und teilweise sogar überhängenden Felsabstürzen, aus deren Klüften und Rissen gutes Quellwasser rieselt, Felsbänder und Schuttrampen ein unschwieriges Höhersteigen erlauben.

Etwas problematischer wird es dann in den Steilfelsen nach der Sassongher-Scharte, aber dort erleichtern gut verankerte Stahlseile den Aufstieg.

Die Schlüsselstelle des Sassongher-Aufstiegs – ein kurzer Klettersteig

Und wenig später stehen wir beim Gipfelkreuz und schauen senkrecht auf das fast 1200 Meter unter uns liegende Corvara hinab, während uns ein einzigartiger Bergkranz umgibt. Fanesgruppe, Ampezzaner Berge, Sellamassiv, Langkofel, Geislerspitzen, Puezgruppe, Peitler – sie alle sind im Blickfeld und bilden eines der prächtigsten Panoramen der Dolomiten.

Wegverlauf: Von einem Touristenparkplatz am oberen Rand von Kolfuschg (ca. 1720 m) zuerst mit der Umlaufbahn hinauf zum Col Pradat (2038 m). Nun kurz ostseitig hinunter zu einem kleinen Sattel, dann auf Steig 4 A steile Latschenhänge querend hinein ins Edelweißtal und auf Weg 4 kurz hinauf zu Wegteilung (2104 m, Wegweiser). Hier rechts ab, auf dem teilweise ziemlich luftigen, aber unschwierigen Steig 7 durch Steilhänge empor in die Sassongher-Scharte (2435 m), rechts weiterhin auf Steig 7 hinauf zu einem Felsgürtel, über diesen an Stahlseilen in kurzer leichter Kletterei hinauf zum Gipfelhang und problemlos zum Kreuz (2665 m; ab Scharte ¾ Std., ab Ausgangspunkt 2–2½ Std.).
Der Abstieg erfolgt im oberen Teil über die beschriebene Aufstiegsroute und im unteren durch das Edelweißtal und vorbei an der bewirtschafteten Edelweißhütte bis zum Parkplatz (ca. 2 Std.).

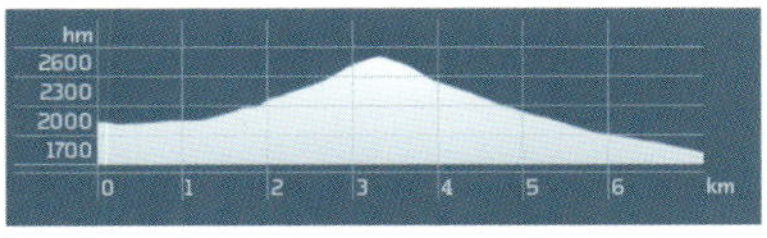

Der Setsas über den Bergwiesen zwischen St. Kassian und Corvara

Auf den Setsas 2571 m

Von Corvara über die Pralongià zum Gipfel

63

Die Tour im Überblick
Corvara / Planac – Pralongià – Setsas – retour
Orientierung und Schwierigkeit
Für bergerfahrene Geher unschwierig
Gehzeit
Aufstieg 2½ Std., Abstieg 2 Std.
Karten
1:50.000: Kompass, Blatt 59 (Sellagruppe); Freytag-Berndt, Blatt S 5 (Gröden – Cortina – Marmolada); 1:25.000: Tabacco, Blatt 07 (Alta Badia – Arabba – Marmolada)

4 ½ Std. | 10,8 km | 543 Hm

Im Südosten der grünen Höhen, welche die Gebiete von Corvara, St. Kassian und Buchenstein voneinander trennen, erhebt sich der Setsas als frei aufragender Berg.

Die Südseite des Berges fällt senkrecht ab und ist stark gegliedert, während die breite Nordflanke ungleich weniger steil ist und in der Nähe des Nordwestgrates die unschwierige Besteigung auf einem gut markierten Pfad erlaubt.

Die ladinische Bezeichnung Setsas bedeutet »sieben Steine« und bezieht sich auf rund ein halbes Dutzend Felspfeiler und Gipfel, aus denen sich der breite Bergaufbau zusammensetzt.

Der Hauptgipfel wird vom westlichsten der »sieben Steine« gebildet. Daher zeigt sich der Setsas nach Westen und Nordwesten hin nicht als mehrgipfliger Berg, sondern ragt als formschöne Felspyramide über ausgedehnten Bergwiesen auf.

Dieser Anblick, die leichte Ersteigbarkeit, die großartige Aussicht, in der die vergletscherte Marmolata das Bild beherrscht,

Der leicht ersteigbare Gipfel des Setsas

Wegverlauf: Von Planac an der von Corvara zum Campolongo führenden Straße (1700 m) mit dem Pralongià-Sessellift hinauf zur Bergstation (Gaststätte in der Nähe; 2028 m). Von da auf breitem Weg in ½ Std. durch Wiesen hinauf zur Anhöhe Pralongià (2139 m, nahebei das gleichnamige Gasthaus und eine Bergkapelle), nun stets der Beschilderung »Setsas« folgend auf Weg 23/24 über einen Almrücken zur Anhöhe Störes (2181 m) und ostwärts weiterhin auf Steig 23/24 über den Graskamm zuerst längere Zeit in leichtem Auf und Ab und dann ansteigend zu Wegteilung. Nun links auf Steig 24 ein Stück hinauf zu nächster Wegteilung (ca. 2270 m), hier rechts ab, dem Wegweiser »Setsas« folgend auf markiertem Steig über Geröll kurz hinauf zum Nordwestgrat des Setsas und teils am Grat, teils in dessen Nordflanke auf dem markierten Steig über Gras, Blockwerk und Felsschrofen unschwierig empor zum Gipfelkreuz (2571 m; ab Pralongià 2 Std.).
Der Abstieg erfolgt über die Aufstiegsroute in insgesamt ca. 2 Std.

und nicht zuletzt der Umstand, dass man auf der Seite von Corvara mit einem Sessellift mühelos bis in 2000 Meter Höhe schweben kann, begründen die Beliebtheit des mit einem Gipfelkreuz geschmückten Gipfels.

Abendstimmung auf dem Muntejela de Senes

Auf den Muntejela de Senes 2787 m

Unschwieriger, bedeutender Gipfel in Enneberg

64

Die Tour im Überblick
Pederü – Senesalm – Munt de Senes – Muntejela – retour
Orientierung und Schwierigkeit
Für ausdauernde Geher mit Bergerfahrung leicht und problemlos
Gehzeit
Aufstieg 4½ Std., Abstieg gut 3 Std.
Karten
1:50.000: Kompass, Blatt 57 (Bruneck – Toblach), Freytag-Berndt, Blatt S 3 (Pustertal – Bruneck – Drei Zinnen); 1:25.000: Tabacco, Blatt 031 (Pragser Dolomiten – Enneberg)

7–8 Std. | **18,4 km** | **1242 Hm**

Der markant aufragende Muntejela de Senes (auch als Monte Sella di Sennes bekannt; gesprochen Munteschela) ist einer der bedeutendsten Berge im Umkreis von St. Vigil in Enneberg.

Zeigt er sich nach Norden und Westen mit seinen senkrechten Felsflanken als sehr unnahbar, so ist er dennoch unschwierig zu besteigen. Denn auf der Südseite sind seine Hänge ungleich weniger steil, und dort führt bis zum aussichtsreichen Gipfel, den ein Kreuz ziert, eine markierte Route.

Die Besteigung, die beim Gasthaus Pederü in dem von St. Vigil südostwärts streichenden Rautal beginnt, ist allerdings ziemlich lang und erfordert entsprechende Gehtüchtigkeit.

Zunächst geht es über einen Fahrweg in vielen steilen Kehren und zuletzt weitgehend eben hinauf zur Alm Senes oder Sennes, wo neben einem Seelein und einem malerischen Hüttendorf ein Almgasthaus steht.

Von dort wandern wir weiter zur Alm Munt de Senes, und hier haben wir unseren Berg in seiner ganzen Breite vor uns,

Dolomiten-Fingerkraut am Weg zum Muntejela de Senes

eine ebenmäßige Pyramide mit vergleichsweise sanft ansteigenden Flanken.

Nun leiten Markierung und Fußpfad durch ein schmales Tal hinauf zur Südostflanke, wo eine kurze Felspassage etwas Vorsicht verlangt, und dann ist auch schon bald der Gipfel erreicht – eines der lohnendsten Tourenziele der Dolomiten.

Wegverlauf: Vom Gasthaus Pederü im innersten Rautal (1545 m; Straße von St. Vigil in Enneberg herein) auf altem Militärsträßchen (Mark. 9/7, später 7) in steilen Kehren am ostseitigen Steilhang empor zur Höhe bei Wegteilung links ein Stück hinauf, dann rechts abbiegend nahezu eben durch Waldhänge zur nächsten Weggabel und links über Grasböden zur Senes- oder Sennesalm mit dem Berggasthof (2116 m; ab Pederü 2 Std). Dann auf Weg 24 hinauf zu einem Almkamm und kurz hinunter zur Alm Munt de Senes (2176 m; Almschenke, ab Senesalm 20 Min.), nun kurz hinab zu flachem Grasboden, auf Steig 24 über Grashänge und durch ein Tälchen hinauf zu Wegteilung, links auf dem markierten Steig über Geröll und Schrofen mäßig steil zum Südostrücken des Berges und über ihn problemlos empor zum Gipfel (2787 m; ab Senesalm knapp 2½ Std.).
Absteig: Über die beschriebene Aufstiegsroute.

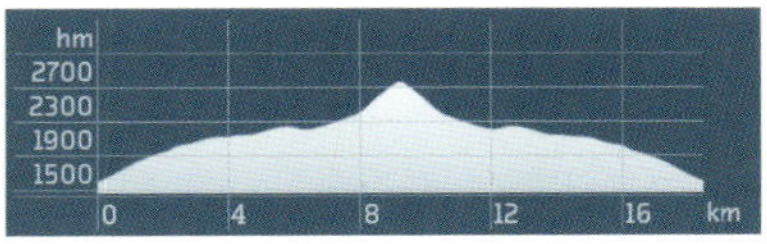

Die Napfspitze über dem Eisbruggjoch

Auf die Napfspitze 2888 m

Aufstieg über die Edelrauthütte

65

Die Tour im Überblick
Lappach / Neves-Stausee – Edelrauthütte – Napfspitze – retour
Orientierung und Schwierigkeit
Für berggewohnte und trittsichere Geher leicht und problemlos
Gehzeit
Aufstieg 3 Std., Abstieg gut 2 Std.
Karten
1: 50.000: Kompass, Blatt 82 (Taufers Ahrntal); Freytag-Berndt, Blatt S 4 (Sterzing – Jaufenpass – Brixen); 1: 25.000: Tabacco, Blatt 036 (Sand in Taufers)

5 Std. | 12,5 km | 1028 Hm

Die Napfspitze erhebt sich als breite Berggestalt südlich über dem Eisbruggjoch, dem Übergang, in dem die Edelrauthütte steht und der das innerste Pfunderer Tal mit dem innersten Lappacher Tal verbindet.

Auf dem Gipfelgrat, der an seinem Ostende die touristisch unbedeutende Pfeifholder Spitze trägt und sowohl von Süden als auch von Norden auf markierten Routen zugänglich ist, steht seit einiger Zeit ein Gipfelkreuz. Von da aus kann man die vergletscherte Hochgebirgswelt des Zillertaler Hauptkammes kennenlernen, aber auch den Tiefblick auf einsame Bergseen und die Schau über die Pfunderer Berge hinweg zu den Dolomiten genießen.

Wir wählen für unseren Aufstieg den Neves-Stausee im obersten Lappacher Tal als Ausgangspunkt und steigen durch das einsame Pfeifholder Tal zur genannten Schutzhütte auf, um von dort über die Nordseite der Napfspitze zum Gipfel aufzusteigen. Diese Route ist ab dem Eisbruggjoch wohl steil und

Blick von unserem Aufstieg auf Eisbruggsee und Pfunderer Berge

mahnt stellenweise zu erhöhter Vorsicht, aber sie ist gut markiert und in einer Stunde zu bewältigen.

Alles in allem also eine Tour, die an die Gehtüchtigkeit nicht allzu große Anforderungen stellt und im Hinblick auf die landschaftlichen Eindrücke der Besteigung eines Dreitausenders kaum nachsteht.

Wegverlauf: Vom Neves-Stausee (1860 m; hierher mautpflichtige Straße von Lappach herauf; Parkplätze, im Sommer Einkehrmöglichkeiten) entweder südseitig über den Staudamm oder um das Nordufer herum hinüber auf die Westseite des Sees und von dort stets auf Weg 26 im Pfeifholdertal durch Wald, über Grasgelände und zuletzt über Blockwerk westwärts hinauf zur Edelrauthütte (2545 m; Sommerbewirtschaftung; ab Stausee gut 2 Std.). Von da schließlich südseitig der Markierung folgend über Blockwerk und Schrofen unschwierig hinauf zum Gipfelgrat und rechts über diesen problemlos zum Gipfelkreuz (2888 m; ab Schutzhütte 1 Std.).
Der Abstieg erfolgt über die beschriebene Aufstiegsroute.

Der Wolfeskofel hoch über Luttach im Ahrntal

Auf den Wolfeskofel im Ahrntal 2050 m

Markanter Dolomitgipfel hoch über Luttach

66

Die Tour im Überblick
Luttach / Großstahlhof – Wolfeskofel – retour
Orientierung und Schwierigkeit
Für trittsichere und schwindelfreie Geher nicht schwierig
Gehzeit
Aufstieg knapp 2½ Std., Abstieg 1½ Std.
Karten
1:50.000: Kompass, Blatt 82 (Taufers – Ahrntal); Freytag-Berndt, Blatt 152 (Mayrhofen – Zillergrund – Ahrntal); 1:25.000: Tabacco, Blatt 036 (Sand in Taufers)

4 Std. | 4,6 km | 850 Hm

Beim Wolfes- oder Wolfskofel, auf dem ein Gipfelkreuz steht und eine Bank dazu einlädt, die Ruhe und die weite Aussicht zu genießen, handelt es sich um ein nur mäßig hohes, aber dennoch beliebtes Tourenziel. Der Berg ragt nördlich von Luttach als schroffer, aus hellem Dolomit aufgebauter und daher weithin sichtbarer Felszahn auf, auch wenn er sich noch unterhalb der Baumgrenze befindet.

Als Erklärung für den Namen erzählt die Sage, dass einst in den Gipfelfelsen ein Wolf hauste, der nächtens auf den Almen die Schafe riss und dann rasch in seine Höhle oben in den Felsen zurückkehrte. Da kletterten mutige Männer hinauf, legten vor dem Höhleneingang nasse Fichtenrinden aus, und als der Räuber vor die Höhle trat, glitt er auf den Rinden aus und stürzte zu Tode. Nun kehrte Ruhe auf den Almen ein, aber der Name des Berges erinnert bis heute an die damalige Zeit.

Als Ausgangspunkt für den Aufstieg wählen wir den oberhalb Oberluttach liegenden Großstahlhof. Der Weg führt groß-

Blick vom Wolfeskofel zum Alpenhauptkamm mit Schwarzenstein und Löffler

teils steil durch die Waldhänge bergan, aber er ist unschwierig begehbar. Und oben in der felsigen Gipfelzone, wo der Steig leicht ausgesetzt ist, sind fixe Halteseile verankert, sodass auch die letzten Meter bis zum Kreuz bei etwas Vorsicht problemlos gemeistert werden.

Wegverlauf: Anfahrt vom Hotel Post in Oberluttach (965 m) der Beschilderung »Großstahlhof« folgend auf der Höfestraße hinauf zum besagten Großstahlhof (1200 m; Jausenstation, begrenzte Parkmöglichkeit). Von da kurz auf der Höfestraße nordostwärts weiter bis zum links abzweigenden, zunächst breiten Weg 23, auf diesem durch Wald hinauf bis zum links abzweigenden Steig 32 (1349 m), nun diesem folgend steil im Wald bergan zu einer alten Blockhütte, weiter empor zur felsigen Gipfelzone und auf dem mit Halteseilen gesicherten Felspfad zum Gipfelkreuz (2050 m).
Der Abstieg erfolgt über die beschriebene Aufstiegsroute.

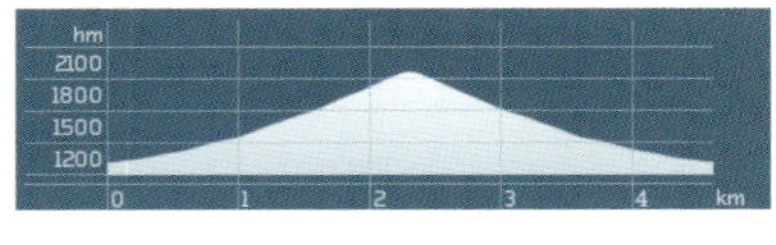

Der Rauchkofel, beliebter Gipfel über dem Klausberg

Auf den Rauchkofel 2653 m

Markanter Felsgipfel im Ahrntal

67

Die Tour im Überblick
Steinhaus – Klausberg – Klaussee – Rauchkofel – retour
Orientierung und Schwierigkeit
Für berggewohnte, einigermaßen sichere Geher unschwierig
Gehzeit
Aufstieg 3–3½ Std., Abstieg 2–2½ Std.
Karten
1:50.000: Kompass, Blatt 82 (Taufers – Ahrntal); Freytag-Berndt, Blatt 152 (Mayrhofen – Zillergrund – Ahrntal); 1:25.000: Tabacco, Blatt 035 (Ahrntal – Rieserfernergruppe)

5–6 Std. | 10 km | 1051 Hm

Im Ahrntal gibt es zwei Berge, die nach dem rauen (mundartlich »rauchen«) Aussehen den Namen Rauchkofel tragen. Der eine, über 3200 Meter hoch, befindet sich im Gebiet von Prettau und bleibt erfahrenen Hochalpinisten vorbehalten.

Der andere, unser Tourenziel, ragt oberhalb Steinhaus in der Durreckgruppe auf und damit im Kamm, der das Ahrntal südostseitig begrenzt. Aufgrund seiner deutlich geringeren Höhe und leichteren Besteigbarkeit ist er ein Gipfel, den sich jeder einigermaßen gehgewohnte Bergwanderer zutrauen darf.

Wir schweben zunächst von Steinhaus mit der Umlaufbahn bis in eine Höhe von 1600 Metern, und von dort führt uns der breite Weg hinauf zum bekannten Klaussee, der sowohl den vergletscherten Zillertaler Hauptkamm als auch die Felspyramide unseres Rauchkofels widerspiegelt.

Der weitere Anstieg führt über Blockwerk hinauf zur Klausenscharte, wo wir dem Ziel schon recht nahe sind, und von dort steigen wir, weiterhin der guten Markierung folgend, über

Der Klaussee am Weg zum Rauchkofel

Grasstufen und Granitblöcke zwar ziemlich steil, aber trotzdem problemlos empor zum Gipfelkreuz.

Hier liegen die Gletscher und Dreitausender des Zillertaler Hauptkammes in ihrer ganzen Pracht vor uns, aber auch die hochalpine Rieserfernergruppe, die grünen Pfunderer Berge und die bleichen Dolomiten liegen im Blickfeld.

Wegverlauf: Zunächst Fahrt von Steinhaus im Ahrntal (1050 m) mit der Umlaufbahn hinauf zum Klausberg (1602 m; Gaststätten). Dann zu Fuß der Markierung 33 und den Wegweisern »Klaussee« folgend teils auf Fußweg, teils auf breitem Güterweg hinauf zum Klaussee (2162 m; ab Bergstation gut 1½ Std.). Von da auf Steig 33 großteils über Blockwerk hinauf zur Klausenscharte (2579 m) und rechts der Markierung folgend teils auf schmalem Pfad über Grasgelände, teils weglos über Blöcke und Fels ziemlich steil, aber unschwierig in rund 15 Minuten empor zum Gipfelkreuz (2653 m; ab See 1½ Std.).
Der Abstieg erfolgt über den beschriebenen Aufstiegsweg.

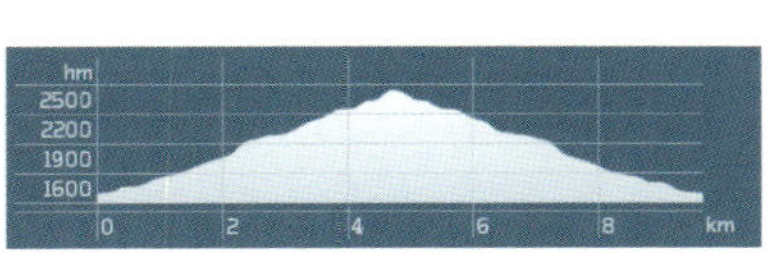

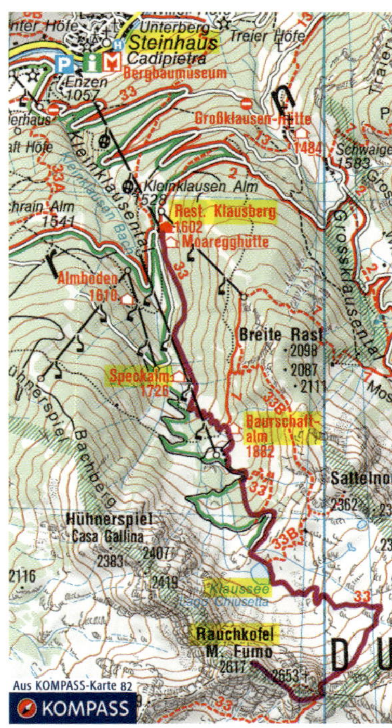

Der Kreuzkofel im Ahrntal von der Aufstiegsroute aus – erkennbar die Trittbügel an einer Felsplatte

Auf den Kreuzkofel 2420 m

Über die Kegelgasslalm zum Gipfel

68

Die Tour im Überblick
St. Johann / Stallila – Kreuzkofel – Kegelgasslalm – Stallila
Orientierung und Schwierigkeit
Für ausdauernde, berggewohnte Geher nicht schwierig, an ein paar Stellen Steighilfen; teilweise sehr steil, aber nirgends gefährlich
Gehzeit
Aufstieg 3½–4 Std., Abstieg 2½ Std.
Karten
1:50.000: Kompass, Blatt 82 (Taufers – Ahrntal); Freytag-Berndt, Blatt 152 (Mayrhofen – Zillergrund – Ahrntal); 1:25.000: Tabacco, Blatt 036 (Sand in Taufers)

6–7 Std. | 8,2 km | 1472 Hm

Der Kreuzkofel ist ein markanter und lohnender Felsgipfel im Gebiet von St. Johann im Ahrntal in einem vom Zillertaler Hauptkamm abzweigenden Seitengrat.

Für die Besteigung des Berges bietet sich als Ausgangspunkt die Jausenstation Stallila an, von wo zwei Routen zum Kreuzkofel führen: der direkte Aufstieg über den sogenannten »Faden«, wie der untere Teil des erwähnten Seitengrates bezeichnet wird, und ein etwas längerer Weg über die Kegelgasslalm.

Wir verbinden die beiden Routen miteinander, wodurch sich eine prächtige Rundtour ergibt. Zunächst führt unser Fußpfad im Wald steil empor, aber später geht es teilweise sogar eben über den genannten »Faden«. Auch zwei kleine Felsaufschwünge stellen dank etlicher Trittbügel kein Problem dar, und dasselbe gilt für den steileren letzten Abschnitt, der uns zum weithin sichtbaren Gipfelkreuz führt.

Das Krainer Greiskraut, eine der vielen Blumenarten im Gebiet des Kreuzkofels

Von da schweift der Blick einerseits weit über das Ahrntal, während auf der anderen Seite der vergletscherte Zillertaler Hauptkamm mit dem mächtigen Schwarzenstein, den Floitenspitzen und der Trippachspitze aufragt.

Für den Abstieg wählen wir den Steig hinunter zur bekannten Kegelgasslalm, die willkommene Rast- und Einkehrmöglichkeit bietet, bevor über Bergwiesen und durch ausgedehnte Waldhänge wieder zum Ausgangspunkt zurückgekehrt wird.

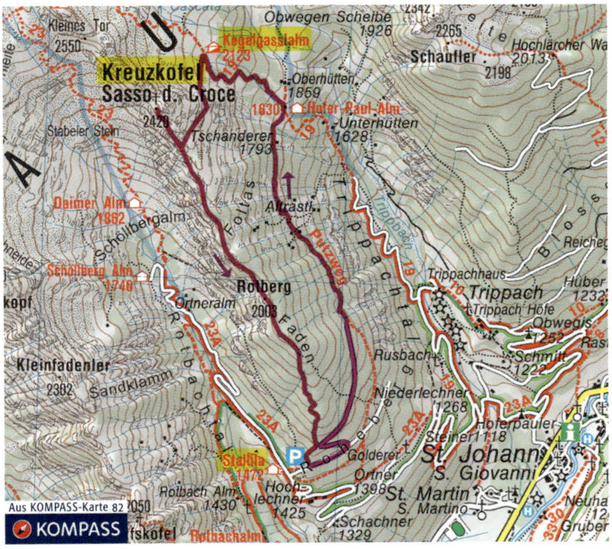

Wegverlauf: Anfahrt von St. Johann im Ahrntal auf Höfestraße hinauf zum Parkplatz nahe der Jausenstation Stallila oder Stalliler (1472 m). Von da stets der Beschilderung »Höhenweg« folgend auf dem Waldsteig hinauf zu Wegteilung (rechts geht der »Putzweg« weiter, den wir im Abstieg begehen), links auf dem Waldsteig 21 etwa eine Stunde lang steil empor, dann weniger steil und teilweise auch eben über den Bergrücken zur Waldgrenze und zuletzt wieder steiler (stets gut markierter Steig) am freien Berghang empor zum Gipfel mit dem Kreuz (2420 m; ab Ausgangspunkt 3½–4 Std.).
Abstieg: Vom Gipfel zurück bis zu Wegteilung, nun links ab und dem Wegweiser »Kegelgasslalm« folgend hinunter zur bewirtschafteten Gastschenke der Kegelgasslalm (2123 m; ab Gipfel etwa ¾ Std.). Von da auf dem Fußpfad hinunter zur oberen Hofer-Paul-Hütte auf dem Fußweg oder auf dem Güterweg hinab zu einem Wegkreuz (etwas tiefer die Hofer-Paul-Alm), dann auf dem Güterweg rechts leicht ansteigend zum links abzweigenden Putzsteig und auf diesem durch Wald hinunter zum Ausgangspunkt (ab Kegelgasslalm ca. 1½ Std.).

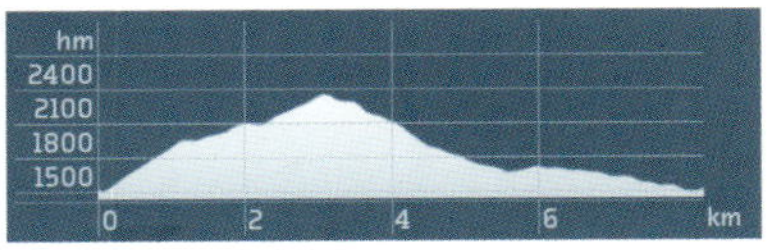

Der Gipfel des Rammelsteins – Landkartenflechten überziehen die Felsen im Vordergrund.

Auf den Rammelstein 2483 m

Von Oberwielenbach zum beliebten Gipfel

69

Die Tour im Überblick
Oberwielenbach (Parkplatz) – Gönneralm – Rammelstein – Wielental (Lercheralm) – Ausgangspunkt
Orientierung und Schwierigkeit
Die Südseite für Gehgewohnte leicht, der Abstieg über den Nordgrat bleibt hingegen Geübten vorbehalten.
Gehzeit
Aufstieg 3½ Std., Abstieg 2½ Std.
Karten
1:50.000: Kompass, Blatt 57 (Bruneck–Toblach), Freytag-Berndt, Blatt S 3 (Pustertal – Bruneck – Drei Zinnen); 1:25.000: Tabacco, Blatt 033 (Bruneck und Umgebung)

6 Std. | 12,6 km | 980 Hm

Der markante Rammelstein, der bereits im 15. Jahrhundert in einer Grenzbeschreibung des Antholzer Gerichts unter seinem heutigen Namen aufscheint, ist der südlichste Gipfel der Rieserfernergruppe.

Dank seiner freien Lage bietet er vor allem eine umfassende Dolomitenschau, aber der Blick schweift auch weit nach Westen bis zur Ortlergruppe, im Norden erheben sich verschiedene Gipfel der Rieserfernergruppe, und tief unten liegt das Antholzer Tal mit seinem See.

Ich schlage hier als Ausgangspunkt das Bergdorf Oberwielenbach vor, von wo es zuerst zwar noch steil im Wald bergan geht, aber dann eine bequeme Almwanderung über die weiten Grasböden des Südrückens und schließlich der leichte Schlussanstieg zum Gipfelkreuz folgen.

Für den Abstieg bietet sich als Alternative zur leichten Südseite die weniger leichte Nordseite und damit eine großzügige Überschreitung des Berges an. Der obere Teil des Nordgrates

Seeauge am Aufstieg zum Rammelstein – im Hintergrund die Sextner Dolomiten

besteht aus großen Felsblöcken, er ist teilweise sehr steil, und es heißt genau auf die Markierung achten. An heiklen Stellen sind aber Halteseile angebracht, und so ist die Überschreitung, die zuletzt durch das schöne Wielental wieder zum Ausgangspunkt zurückbringt, dem berggewohnten und vorsichtigen Geher bei guten Verhältnissen durchaus zu empfehlen.

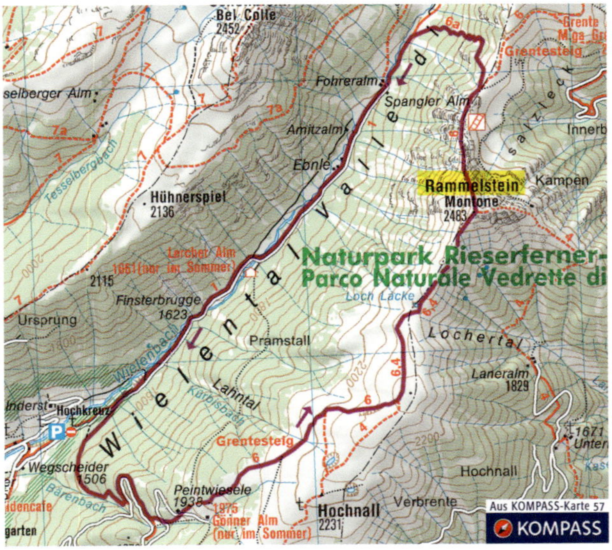

Wegverlauf: Anfahrt von Percha bei Bruneck hinauf nach Oberwielenbach und zum Beginn des ins Wielental führenden Sträßchens (Parkmöglichkeit in ca. 1500 m Höhe). Von da kurz talein, dann bei Wegweiser »Gönneralm« rechts ab, der Markierung 6 folgend auf Fußsteig und später Forstweg durch Wald hinauf zur Gönneralm (1975 m, Ausschank; ab Ausgangspunkt 1½ Std.). Auf Steig 6 ein Stück noch durch Wald hinauf, dann über Grashänge teils leicht ansteigend, teils eben am Almkamm nordwärts und schließlich über den Südrücken (stets markierter Steig) problemlos hinauf zum Gipfel (2483 m; ab Gönneralm knapp 2 Std.).
Abstieg über den Nordgrat (für Geübte): Weiterhin der Markierung 6 folgend über Blöcke und Felsstufen teilweise steil hinunter (ein paar Stellen mit fixen Stahlseilen) zum Fuß des Felsaufbaues (ca. ½ Std. ab Gipfel) und über den Graskamm hinab zu einer Senke (2189 m). Nun auf Steig 6 A westseitig steil hinunter ins Wielental (1825 m) und auf dem breiten Talweg, an Almen vorbei (die Lercheralm bietet Einkehrmöglichkeit), hinaus zum Ausgangspunkt (ab Gipfel gut 2½ Std.).

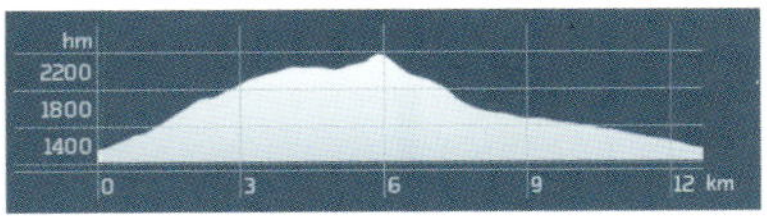

Der Piz da Peres im Morgenlicht, von Norden gesehen; links der Gratrücken, über den der Aufstieg erfolgt

Auf den Piz da Peres 2507 m

Vom Furkelpass über die Dreifingerscharte

70

Die Tour im Überblick
Furkelpass – Dreifingerscharte – Piz da Peres – retour
Orientierung und Schwierigkeit
Für gehgewohnte Bergwanderer leicht und problemlos
Gehzeit
Aufstieg 2½ Std., Abstieg gut 1½ Std.
Karten
1:50.000: Kompass, Blatt 57 (Bruneck – Toblach); Freytag-Berndt, Blatt S 3 (Pustertal – Bruneck – Drei Zinnen); 1:25.000: Tabacco, Blatt 031 (Pragser Dolomiten – Enneberg).

4 Std. | 8,1 km | 748 Hm

Wer vom Olanger Becken südwärts blickt, hat mehrere markante, mit senkrechten Felsen abbrechende Gipfel vor sich, die eine rund sechs Kilometer lange Bergkette bilden und als »Olanger Dolomiten« bekannt sind.

Der westlichste und zweithöchste Gipfel dieser Kette ist der Piz da Peres, dessen Westseite gegen das Gadertal abfällt. Doch so unnahbar er sich mit seinen Nordabstürzen zur Olanger Seite hin zeigt, so unschwierig ist er zu besteigen. Auf der Westseite erklimmt ein markierter, im oberen Teil allerdings recht felsiger Anstieg den Berg, und die von uns gewählte Ostseite wird in der Gipfelzone sogar nur von einer problemlos begehbaren Grasflanke geprägt.

Unser Anstieg führt uns zunächst vom Furkelsattel, dem Straßenübergang zwischen Olang und St. Vigil in Enneberg, durch die bewaldete Nordseite und durch eine Geröllrinne hinauf zu Dreifingerscharte und von dort über den erwähnten Grashang zum Gipfelkreuz. Dieser Anstieg ist leichter als die

Das Gipfelkreuz auf dem Piz da Peres

kürzere und an sich durchaus schöne, aber ein höheres Maß an Trittsicherheit und Bergerfahrung erfordernde Westroute.

Als Grenzberg zwischen Pustertal und Gadertal bietet der Piz da Peres außer dem Blick zum relativ nahen Kronplatz eine hervorragende Aussicht auf die nordseitigen Pustertaler Berge bis hin zum vergletscherten Alpenhauptkamm, während uns auf der Südseite das unmittelbar benachbarte Felsenreich der Dolomiten in seinen Bann zieht.

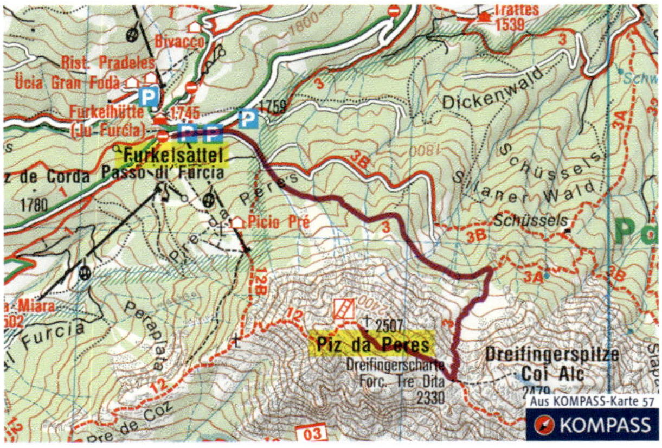

Wegverlauf: Vom Furkelpass (1759 m; Straßenübergang zwischen Olang im oberen Pustertal und St. Vigil im Gadertal) stets der Markierung 3 folgend zuerst auf einem Fahrweg ein Stück hinan bis zum bergseitig abzweigenden Steig 3 (dies ist die zweite Abzweigung!). Auf diesem durch die Waldhänge in großteils mäßiger Steigung ostwärts hinauf, dann in vielen Serpentinen durch eine Geröllrinne steil empor in die Dreifingerscharte (2330 m) und rechts auf markiertem Steig über den begrasten Bergrücken problemlos in ½ Std. hinauf zum Gipfelkreuz (2507 m; ab Furkelsattel 2½ Std.).
Der sicherste Abstieg erfolgt über die beschriebene Aufstiegsroute (die Westroute ist kürzer, aber schwieriger).

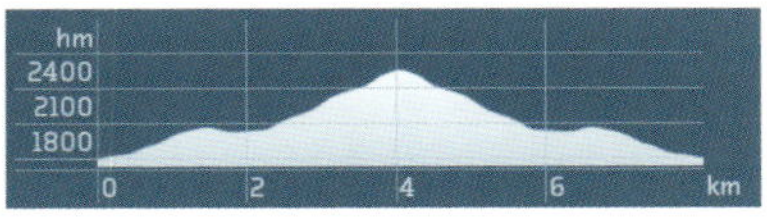

Die Amperspitze mit ihrer Westflanke – links der Grat, über den der Aufstieg erfolgt

Auf die Amperspitze 2687 m

Von Antholz-Niedertal zum prächtigen Gipfel

71

Die Tour im Überblick
Antholz-Niedertal – Rauterhöfe – Niedertaler Ochsenalm – Amperspitze – retour
Orientierung und Schwierigkeit
Für ausdauernde Wanderer leicht und problemlos, großteils mittelsteiler, guter Weg, nur das letzte Stück ziemlich steil
Gehzeit
Aufstieg 4–5 Std., Abstieg 3 Std.
Karten
1:50.000: Kompass, Blatt 57 (Bruneck – Toblach), Freytag-Berndt, Blatt S 3 (Pustertal – Bruneck – Drei Zinnen); 1:25.000: Tabacco, Blatt 032 (Antholz – Gsies)

7–8 Std. | 18,9 km | 1563 Hm

Die pyramidenförmige Amperspitze gehört zu den markantesten und dank leichter Ersteigbarkeit auf markierten Wegen auch zu den meistbesuchten Gipfeln des oberen Pustertals. Sie erhebt sich ostseitig über dem Antholzer Tal und ist einer der höchsten Gipfel im Kamm, der das genannte Tal vom Gsieser Tal trennt.

Schriftliche Erwähnungen lassen erkennen, dass der Name des Berges an einem Weidegebiet haftete und entweder »Antberg« lautete, was so viel wie »Alm jenseits des Berges« bedeuten würde und auf die Taistner Hinteralm zuträfe, oder aber »Amberg«, wie früher anscheinend die Niedertaler Ochsenalm genannt wurde.

Für unsere Tour auf die Amperspitze wählen wir als Ausgangspunkt das Dorf Antholz-Niedertal und wandern zunächst hinauf zu den Rauterhöfen und durch Waldhänge weiter zur bewirtschafteten Niedertaler Ochsenalm.

Von da führt ein breiter, gleichmäßig ansteigender Weg über die ausgedehnten Almhänge hinauf zum Ampertörl,

Schafe am Südhang der Amperspitze mit Blick zu den Sextner Dolomiten

einem alten Übergang von Antholz nach Gsies, und schließlich erreichen wir über den felsigen und steinigen, aber auf dem markierten Pfad trotzdem nicht schwierigen Nordrücken das Gipfelkreuz.

Hier zeigt sich, dass die Amperspitze zu den aussichtsreichsten Gipfeln des Pustertals zählt. Im Westen erheben sich die mächtigen Hochgipfel der Rieserfernergruppe, im Süden die unvergleichlichen Dolomiten und im Osten die grünen Gsieser Berge; und weit im Nordosten zeigt sich sogar der berühmte Großglockner.

Wegverlauf: Von Antholz-Niedertal (1124 m) zuerst auf der Straßenbrücke über den Talbach, gleich darauf links auf der zu den Rauterhöfen führenden schmalen Straße der Beschilderung »Amperspitze« folgend hinauf bis in die Nähe des (unteren) Rauterhofes (1295 m, knapp ¾ Std.), dann auf breitem Forstweg mit Markierung 36 in Kehren hinauf zu Wegteilung (1673 m), hier links ab und weiter der Markierung 36 folgend auf breitem Waldweg hinauf zur Niedertaler Ochsenalm (ca. 2150 m; ab Rauterhof 2½ Std.). Nun auf dem guten Weg 36 über Almgelände mäßig steil weiter zum Ampertörl (2413 m, Übergang nach Gsies) und rechts der Markierung folgend (36 B) großteils über felsdurchsetztes Geröll ziemlich steil, aber unschwierig in ca. ¾ Std. empor zum Gipfel (2687 m; ab Ochsenalm gut 1½ Std.). Abstieg: Entweder zur Gänze über den Aufstiegsweg oder vom Gipfel der Markierung 36 B folgend über den steilen Westrücken hinunter und rechts hinüber zur Ochsenalm; von da wie im Aufstieg zurück ins Tal.

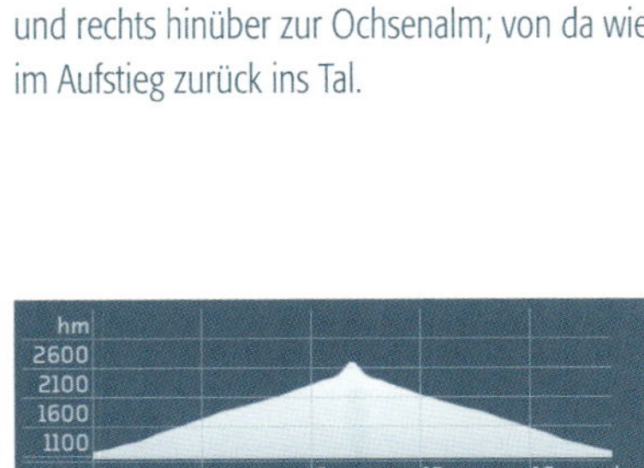

Der Gipfel der Roten Wand in Antholz im späten Nachmittagslicht

Auf die Rote Wand 2818 m

Vom Staller Sattel zum aussichtsreichen Gipfel

72

Die Tour im Überblick
Staller Sattel – Rote Wand – retour
Orientierung und Schwierigkeit
Für gehgewohnte Wanderer leicht und problemlos
Gehzeit
Aufstieg 2½ Std., Abstieg gut 1½ Std.
Karten
1:50.000: Kompass, Blatt 57 (Bruneck – Toblach); Freytag-Berndt, Blatt S 3 (Pustertal – Bruneck – Drei Zinnen); 1:25.000: Tabacco, Blatt 032 (Antholz – Gsies)

4 Std. | 10,6 km | 768 Hm

Dieser ausgeprägte Gipfel ragt südöstlich über dem Antholzer See auf. Er ist die höchste Erhebung im Kamm zwischen dem Antholzer und dem Gsieser Tal und damit natürlich eine hervorragende Aussichtswarte.

Ausgangsort für die Besteigung ist der Staller Sattel, der Straßenübergang vom Antholzer See ins nordseitig gelegene Defereggental. Unweit des Sattels, bereits auf Osttiroler Seite, befindet sich der schöne, teils von Wald, teils von Almgelände umrahmte Obersee.

Der Aufstieg zur Roten Wand erfolgt ziemlich lange nur leicht ansteigend oder teilweise sogar eben auf dem Weg, der vom Staller Sattel über die Hexenscharte ins Gsieser Tal führt. Damit durchwandern wir das hübsche, naturbelassene Agsttal, durch das der kristallklare Bergbach rauscht, während an kleinen Mooren das Wollgras schneeweiße Teppiche bildet.

Bevor der Weg zur genannten Hexenscharte ansteigt, verlassen wir ihn nach rechts und nun geht es auf nur noch

Sonnenuntergang von der Roten Wand aus

schmalem, aber gut begehbarem Steig zielstrebig dem Gipfel zu, der mit seinem weithin sichtbaren Kreuz schon lange auf uns heruntergeschaut hat.

Zwar fehlt hier der Platz, das Panorama wiederzugeben, das diesen Gipfel auszeichnet – die Dolomitenschau, der Tiefblick auf den grünen Antholzer See, der Blick zum Hochgall und sogar bis zum Großvenediger seien aber doch zumindest erwähnt.

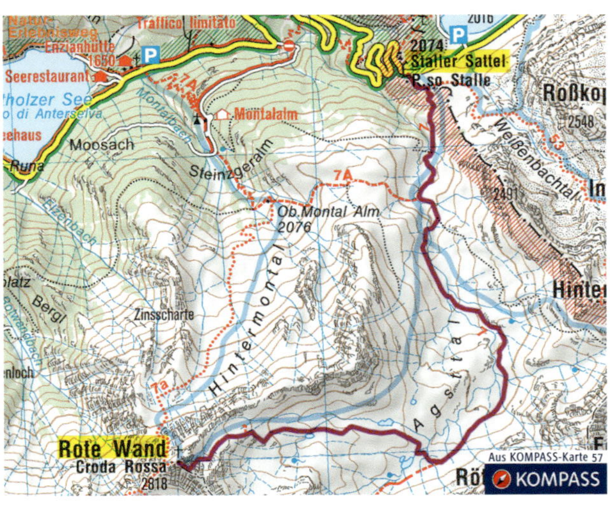

Wegverlauf: Anfahrt vom Antholzer See auf schmaler Passstraße (Einbahnregelung) empor zum Staller Sattel (2050 m; Einkehrstätte, Parkplätze). Von da stets der Markierung 7 folgend auf Fußweg südwärts kurz am Hang hinauf und dann durch das Agsttal mäßig ansteigend hinein bis zu Wegteilung; nun rechts vom Weg ab, auf Steig und Steigspuren (weiterhin Mark. 7) über Grashänge und steiniges Gelände zum eigentlichen Bergaufbau, nun steil, aber problemlos hinauf zu einer kleinen Scharte und am Grat kurz empor zum Gipfelkreuz (2818 m; ab Staller Sattel 2½ Std.).
Abstieg: Über den beschriebenen Aufstiegsweg.

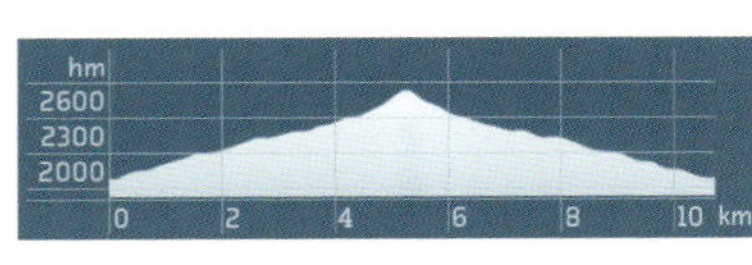

Die ebenmäßig geformte Pyramide des Rudlhorns

Auf das Rudlhorn 2448 m

Über die Taistner Alm zum markanten Gipfel

73

Die Tour im Überblick
Taisten / Mudlerhof – Taistner Alm – Rudlhorn – retour
Orientierung und Schwierigkeit
Über den beschriebenen »Normalweg« für gehgewohnte Wanderer leicht und problemlos; wer den Westgrat begehen möchte, sollte ein gewisses Maß an Trittsicherheit mitbringen.
Gehzeit
Aufstieg 3–3½ Std., Abstieg 2–2½ Std.
Karten
1:50.000: Kompass, Blatt 57 (Bruneck–Toblach); Freytag-Berndt, Blatt S 3 (Pustertal–Bruneck–Drei Zinnen); 1:25.000: Tabacco, Blatt 032 (Antholz–Gsies)

5–6 Std. | **14,1 km** | **864 Hm**

Nur wenige Gipfel treten auf der Nordseite des Pusterer Haupttales so markant in Erscheinung wie das Rudlhorn, das mit seinen scharf geschnittenen Graten und der steilen Südflanke, die gegen Taisten abbricht, sich nordöstlich über dem Welsberger Gebiet erhebt.

Die Nordwestflanke ist zwar noch steiler als die besagte Südflanke, aber zwischen dem Rudlhorn und dem Grat, der sich zum Eisatz hin fortsetzt, ist eine flache, auf einem gut angelegten Weg leicht erreichbare Senke eingetieft, und von dort ist es nicht mehr weit zum hohen Gipfelkreuz, von dem aus man weit über das Pustertal, zu den Dolomiten und zur Rieserfernergruppe blickt.

Für die Besteigung des Berges wählen wir als Ausgangspunkt den Parkplatz beim bekannten Mudlerhof. Ein Forstweg führt uns von dort bequem zur Taistner Almschenke, dann wandern wir großteils recht gemächlich zu einem Jöchl und schließlich, nachdem wir rechts abgedreht und zum erwähnten

Die Taistner Vorderalm gegen die Östlichen Dolomiten

Nordostgrat aufgestiegen sind, über diesen unschwierig zum Gipfel.

Als Alternative zu diesem Anstieg bestünde für etwas geübtere Geher auch die Möglichkeit, von der Alm über den Westrücken des Berges zum Vorgipfel und über den scharfen Schlussgrat zum Hauptgipfel aufzusteigen. Diese Route ist zwar gut markiert, aber im oberen Teil etwas felsig und ausgesetzt; und deshalb sollte man im Zweifel doch dem leichteren Anstieg den Vorzug geben.

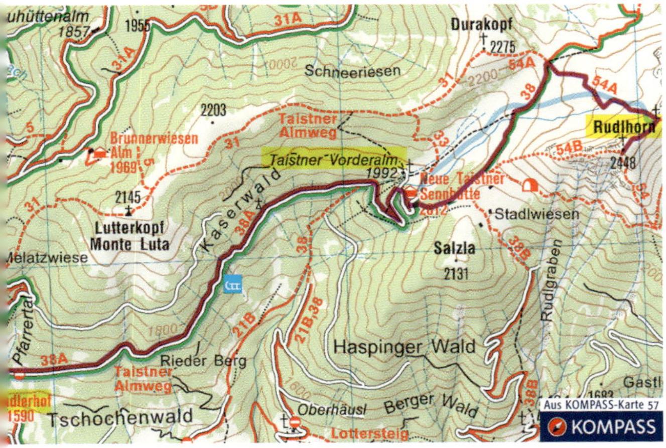

Wegverlauf: Anfahrt von Welsberg nach Taisten und auf der Höfestraße über die weithin sichtbaren Guggenberghöfe hinauf zum Parkplatz oberhalb der Jausenstation Mudlerhof (1584 m). Von dort der Beschilderung »Taistner Alm« folgend auf dem breiten Forstweg in leicht ansteigender Waldquerung hinauf zur Taistner Vorderalm (1992 m; Almgaststätte; ab Mudlerhof knapp 1½ Std.). Nun stets auf dem breiten Weg 38 hinauf gegen das Rudlhorn, bei Wegteilung links auf dem Weg 38 bleibend (rechts geht die Nr. 54 B über den Westgrat) zum Jöchl »Klenkboden« mit naher Unterstandshütte. Rechts mit Markierung 54 A über Grasböden und einen steinigen Hang hinauf in die Gratsenke zwischen Rudlhorn und Eisatz und nochmals rechts über den kurzen Grat problemlos zum Gipfelkreuz (2448 m; ab Alm gut 1½ Std.).

Der Abstieg erfolgt am sichersten über den beschriebenen Aufstiegsweg (oder – für Geübte – auch über den Westgrat).

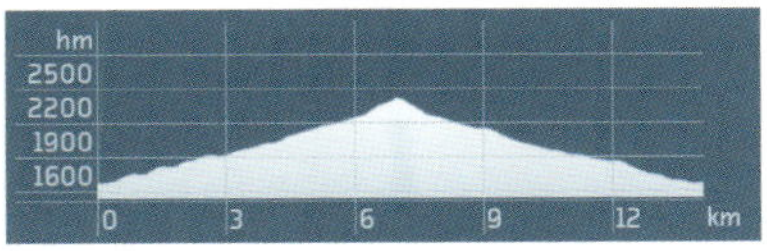

Der Gipfel der Hochkreuzspitze – im Hintergrund Feldspitze und Deferegger Pfannhorn

Auf die Hochkreuzspitze 2739 m

Mächtiger Berg über dem Gsieser Talschluss

74

Die Tour im Überblick
St. Magdalena / Talschlusshütte – Pfoialm – Hochkreuzspitze – Uwaldalm – Ausgangspunkt
Orientierung und Schwierigkeit
Etwas lange, aber für ausdauernde Wanderer unschwierige Tour auf markierten Routen
Gehzeit
Aufstieg 3½ Std., Abstieg gut 2½ Std.
Karten
1:50.000: Kompass, Blatt 057 (Antholz – Gsies; Maßstab 1:35.000); Freytag-Berndt, Blatt S 3 (Pustertal – Bruneck – Drei Zinnen); 1:25.000: Tabacco, Blatt 032 (Antholz – Gsies)

6 Std. | 14,9 km | 1274 Hm

Die Hochkreuzspitze – in älteren Schriften auch Hochkreuzberg und mundartlich oft nur kurz Hochkreuz genannt – ist ein breiter, wuchtiger Berg über dem innersten Gsieser Tal. Er beherrscht wie kaum ein anderer Gipfel das Landschaftsbild des Tales, aber er ist auch einer der höchsten und damit aussichtsreichsten im Rund der Gsieser Berge. Darüber hinaus besitzt er zwei markierte Anstiege, sodass sich die Besteigung als Rundtour durchführen lässt, bei der man schöne Almgebiete mit Einkehrmöglichkeit durchwandert und einen kleinen Bergsee kennenlernt.

Das alles macht die Hochkreuzspitze zu einem gern besuchten Gipfel. Wie bei anderen Touren im inneren Gsieser Tal bilden die Parkplätze bei der Talschlusshütte etwas innerhalb St. Magdalena den besten Ausgangspunkt. Von dort wandern wir durch Wald, Bergwiesen und Viehweiden im Pfoital hinauf zum kleinen Pfoisee und zur gleichnamigen Scharte, wo sich ein erster Blick auf die Villgrater Berge auftut und der letzte Teil des Anstiegs beginnt.

Der kleine Pfoisee am Aufstieg zur Hochkreuzspitze

Über einen steinigen Grashang geht es hinauf zu einem Vorgipfel, »Mitter-Hochkreuz« genannt, und von dort ist es ein kurzer Spaziergang zum Hauptgipfel mit dem hohen Kreuz und der prächtigen Aussicht.

Für den Abstieg wählen wir den Weg zur weithin sichtbaren Uwaldalm, die willkommene Einkehrmöglichkeit bietet, bevor die Rückkehr zum Ausgangspunkt erfolgt.

Wegverlauf: Anfahrt von Welsberg durch das Gsieser Tal nach St. Magdalena und kurz weiter zur Talschlusshütte (1465 m; Parkplatz). Hier auf der Straßenbrücke über den Bach, dann links der Markierung 12 folgend auf schmaler Höfestraße zum rechts abzweigenden Fußweg 12 B, auf diesem (oder auf dem längeren Forstweg bleibend) im Pfoital durch Wald hinauf zum querenden Forstweg 12, auf diesem rechts zu nächster Weggabel, wieder rechts weiter und auf dem breiten Weg 12 im Pfoital durch Bergwiesen hinauf zur Pfoi-Almhütte (2060 m); nun durch das Almtal teilweise in Kehren (stets Weg 12) hinauf zum kleinen Pfoisee und zur wenig höher gelegenen Pfoischarte, von da auf markierten Pfadspuren hinauf zum Vorgipfel und problemlos zum nahen Hauptgipfel (2739 m; ab Ausgangspunkt knapp 4 Std.).
Empfohlener Abstieg: Über die Aufstiegsroute hinunter bis zu Wegteilung, nun rechts ab, auf Steig 12 A über den Bergrücken hinunter zur Uwaldalm (2042 m; Einkehrmöglichkeit, ab Gipfel knapp 1½ Std.), auf dem breiten Forstweg hinunter ins Pfoital und wie im Aufstieg zurück zum Ausgangspunkt (ab Uwaldalm knapp 1½ Std.).

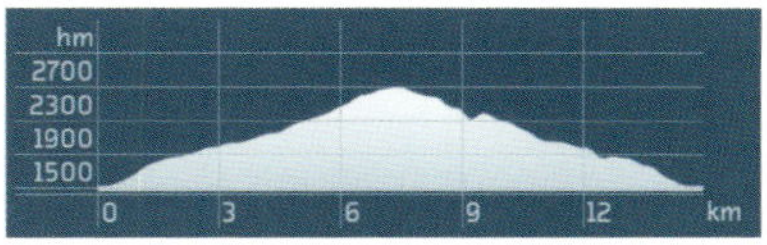

Der Pragser Seekofel – in Gipfelfalllinie die Ofenscharte mit einem Bildstock

Auf den Seekofel 2810 m

Vom Pragser Wildsee zum bedeutenden Gipfel

75

Die Tour im Überblick
Pragser Wildsee – Ofenscharte – Seekofel – retour
Orientierung und Schwierigkeit
Für bergerfahrene, ausdauernde und trittsichere Geher unschwierig
Gehzeit
Aufstieg 4 Std., Abstieg 3 Std.
Karten 1:50.000
Kompass, Blatt 57 (Bruneck – Toblach); Freytag-Berndt, Blatt S 3 (Pustertal – Bruneck – Drei Zinnen); Tabacco, Blatt 031 (Pragser Dolomiten – Enneberg)

7 Std. | 13,9 km | 1314 Hm

Der Seekofel, zur Unterscheidung vom Boè-Seekofel auch Pragser Seekofel genannt, wird auf seiner breiten Südseite von mittelsteilen Plattenschüssen geprägt, nordseitig hingegen ragt er vom Pragser Wildsee mit nahezu senkrechter Riesenflanke 1300 Meter empor und zählt so zu den markantesten Berggestalten der Dolomiten.

Meist wird die Seekofeltour in einem Tag bewältigt, doch bietet sich auch die Möglichkeit, sie auf zwei Tage aufzuteilen und in der südöstlich unter dem Gipfelaufbau gelegenen Seekofel- oder Egerer Hütte zu nächtigen.

Der Aufstieg vom Pragser Wildsee durch das steile »Nabige Loch« bis zur Ofenscharte, die mit ihrem Bildstock etwas oberhalb der Schutzhütte liegt, verläuft nordseitig, der restliche Weg ist dann der Sonne ausgesetzt, aber nicht mehr allzu lang. Der felsige Gipfelsteig ist zunächst ziemlich steil, aber mit Seilsicherungen versehen und damit für trittsichere Geher unschwierig.

Im Seekofelgebiet beheimatet: das Steinwild

Vom Gipfel aus reicht die Aussicht zu den Gletschern der Zillertaler Alpen und Hohen Tauern im Norden ebenso wie zu den Dreitausendern der Ampezzaner Dolomiten im Süden, doch den unvergesslichsten Eindruck vermittelt wohl der schwindelerregende Tiefblick auf den Pragser Wildsee.

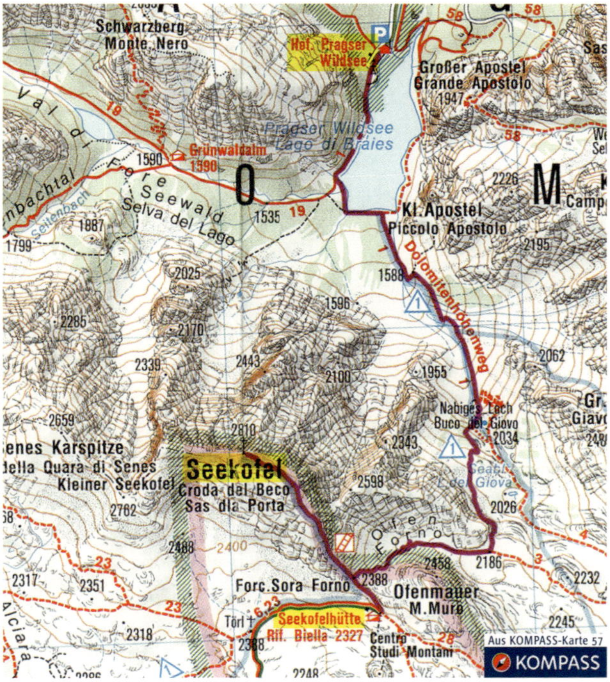

Wegverlauf: Von den Parkplätzen am Pragser Wildsee (1496 m; hierher Straße, die zwischen Welsberg und Niederdorf von der Pustertaler Straße abzweigt) nahe dem westlichen Seeufer auf dem breiten Weg bis zum Südende des Sees und auf Steig 1 durch das schluchtartige Bergtal (»Nabiges Loch« genannt) in großteils steilem Anstieg, wobei die links abzweigenden Markierungen unbeachtet bleiben, hinauf zur Ofenscharte am Fuß des Südostgrates (2388 m, ab Ausgangspunkt 2½ Std.; südseitig ¼ Std. tiefer die bewirtschaftete Egerer oder Seekofelhütte, 2327 m). Von der Scharte nun rechts auf dem anfangs steilen, aber markierten und mit Seilgeländer versehenen Steig über den Gratrücken hinauf zur mäßig geneigten Gipfelflanke und über sie problemlos zum Gipfelkreuz (2810 m; ab Ofenscharte knapp 1½ Std.). Der Abstieg erfolgt über die beschriebene Aufstiegsroute.

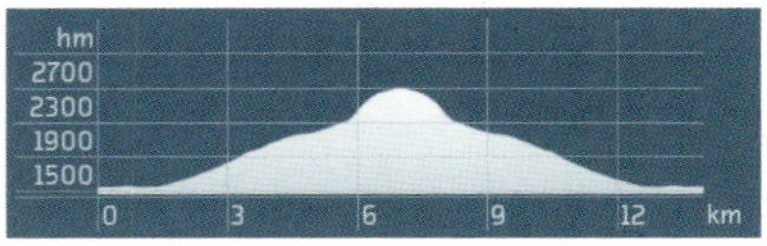

Die letzten Meter zum Gipfel des Dürrensteins …

Von der Plätzwiese auf den Dürrenstein 2839 m

Einer der prächtigsten Berge der Pragser Dolomiten

76

Die Tour im Überblick
Plätzwiese – Dürrenstein – retour
Orientierung und Schwierigkeit
Für berggewohnte und etwas geübte Geher bis zum Vorgipfel leicht, dann kurze, gesicherte Felspassage, die Schwindelfreiheit erfordert
Gehzeit
Aufstieg (ab Plätzwiese) 2½ Std., Abstieg 1½ Std.
Karten
1:50.000: Kompass, Blatt 57 (Bruneck – Toblach); Freytag-Berndt, Blatt S 3 (Pustertal – Bruneck – Drei Zinnen); 1:25.000: Tabacco, Blatt 031 (Pragser Dolomiten – Enneberg)

4 Std. | 7,5 km | 850 Hm

Der Dürrenstein zeigt sich auf seiner Nordseite als prächtige, weithin sichtbare Berggestalt mit steil aufragenden Felsbastionen; damit ist er ein typischer Berg der Dolomiten.

Die breite Westflanke hingegen ist weit weniger steil, und auf dieser Seite erfolgt denn auch der Anstieg auf markierter Route, ausgehend von der Plätzwiese, dem breiten Almsattel zwischen dem Dürrenstein und der Hohen Gaisl.

Die Plätzwiese ist durch Straße und einige Gastbetriebe touristisch erschlossen, doch die Straße ist tagsüber für den allgemeinen Autoverkehr gesperrt, und die herrliche Almlandschaft ist weitgehend unangetastet geblieben.

Von den beiden Gastbetrieben am Nordrand des Almgebietes – weiter südlich befinden sich noch eine Almschenke und die Dürrensteinhütte – steigen wir über die genannte Westflanke des Berges hinauf. Der Graswuchs wird nach und nach spärlicher, nach letzten Wasserquellen geht es über Schrofen zum Vorgipfel, und nach einem kurzen Abstieg über etwas ausgesetzte, aber mit einer Kette zum Festhalten versehene Felsstufen ist in kurzem Aufstieg auch das Kreuz am Hauptgipfel erreicht.

Blick von den Hängen des Dürrensteins zum Cristallomassiv

Schweift von da der Blick einerseits über die Nordseite des Pustertals hinweg bis zum vergletscherten Alpenhauptkamm, so beeindrucken andererseits vor allem die nahen Östlichen Dolomiten mit so bekannten Berggestalten wie Dreischusterspitze, Drei Zinnen, Cristallo und Hohe Gaisl.

Wegverlauf: Anfahrt vom Parkplatz nahe dem Gasthaus »Brückele« im Altpragser Tal (1491 m; hierher zwischen Welsberg und Niederdorf abzweigende Straße) entweder mit dem Linienbus oder mit dem eigenen Fahrzeug (Fahrerlaubnis jedoch nur morgens und spätnachmittags) hinauf zum Nordrand der Plätzwiese (ca. 1990 m; Parkplätze, Gastbetriebe, Kapelle; auch zu Fuß in 1½ Std. auf Weg 37 zu erreichen). Vom Almkirchlein stets der Markierung 40 folgend und von dieser, abzweigende Routen außer Acht lassend, zuerst in nur leichtem Anstieg und dann mäßig bis mittelsteil über die Gras- und Schrofenhänge und vorbei an Wasserquellen teilweise in Serpentinen nordostwärts hinauf zum Vorgipfel, von diesem über Felsstufen etwas ausgesetzt nur kurz hinab in eine kleine Scharte (Kette als Geländer) und auf problemlosem Geröllsteig hinauf zum Hauptgipfel mit dem Kreuz (2839 m; ab Plätzwiese 2½ Std.).
Der Abstieg erfolgt über die Aufstiegsroute (vom Gipfel bis zur Plätzwiese 1½ Std., bis Brückele 2½ Std.).

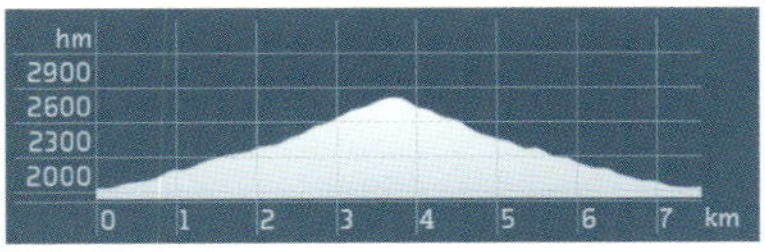

Die Gipfelzone des Sarlkofels, links der Sarlsattel

Von Niederdorf auf den Sarlkofel 2378 m

Der Berg zwischen Niederdorf, Toblach und Prags

77

Die Tour im Überblick
Niederdorf – Putzalm – Sarlkofel – retour
Orientierung und Schwierigkeit
Für bergerfahrene und trittsichere Geher nicht schwierig; Wege beschildert und markiert
Gehzeit
Aufstieg 4 Std., Abstieg 3 Std.
Karten
1:50.000: Kompass, Blatt 57 (Bruneck – Toblach); Freytag-Berndt, Blatt S 3 (Pustertal – Bruneck – Drei Zinnen); 1:25.000: Tabacco, Blatt 031 (Pragser Dolomiten – Enneberg)

7 Std. | 14 km | 1221 Hm

Der Sarlkofel ist, zumindest von Norden gesehen und damit gegen das Gebiet von Niederdorf und Toblach hin, ein wuchtiger Berg, dessen Gipfelzone aus ein paar Felsköpfen besteht. Deren höchster trägt das Gipfelkreuz.

Gegen Osten brechen steile Flanken zum Toblacher See ab, und auf dieser Seite liegt die schon in Urkunden des Hochmittelalters genannte Sarlalm, die dem Berg den Namen gegeben hat.

Auf der Westseite ist der Berg hingegen mit dem etwas niedrigeren Lungkofel verbunden, wobei der zwischen den beiden eingesenkte Sarlsattel den Übergang von der Nordseite zur Sonnenseite und damit zum eigentlichen Gipfelpfad des Sarlkofels vermittelt. Dieser Sattel wäre auch aus dem Höhlensteintal und von der Pragser Seite herauf erreichbar, ich schlage hier hingegen den Anstieg von Niederdorf herauf vor, das schon in der Pionierzeit des Alpinismus einen besonderen Ruf als Stützpunkt für Touren in den Dolomiten genoss.

Felsige Wegstelle am Südwestrücken des Sarlkofels – im Hintergrund die Sextner Dolomiten

Der Weg führt zunächst zur Putzalm, die Rast- und Einkehrmöglichkeit bietet, dann steigen wir hinauf zum besagten Sarlsattel und schließlich auf der Sonnenseite zum Gipfel. Dabei geht es durch Wald, über steile Grashänge und über ein paar zwar ausgesetzte, aber nur kurze und mit Seilsicherungen versehene Felspassagen. Die Aussicht beim Gipfelkreuz umfasst sowohl das Hochpustertal und seine nordseitigen Berge als die Pragser und Sextner Dolomiten, die den Sarlkofel südseitig in einem eindrucksvollen Halbrund umstehen.

Wegverlauf: Von Niederdorf (1159 m) der Markierung 15/27 folgend auf dem zum ehemaligen Bad Maistatt führenden Sträßchen südostwärts zum Graubach, dort rechts ab und der Markierung 15 folgend zuerst auf dem Forstweg und dann auf dem Fußweg durch das bewaldete Grautal (Putzgraben) südwärts hinauf zur Putzalm (1743 m; Ausschank; ab Niederdorf 2 Std.). Von da auf Weg 16 durch unterschiedlich stark bewaldete Hänge hinauf zu Weggabel, rechts zu weiterer Wegteilung und auf dem allmählich felsiger werdenden, aber nicht schwierigen Steig 33 empor zum Sarlkofel-Westgrat unweit des Sarlsattels (2229 m). Nun links auf dem Steig 33 ein gutes Stück quer durch die steile, teils grasbewachsene, teils felsige Südabdachung (ein paar etwas ausgesetzte, aber nicht schwierige Felsstellen sind mit Seilsicherungen versehen) und schließlich auf dem Steig über steile Grashänge problemlos empor zum Gipfelkreuz (2378 m; ab Putzalm gut 2 Std.). Abstieg: am kürzesten über den beschriebenen Aufstiegsweg (2½ Std.)

Das Toblacher Pfannhorn von Westen gesehen – rechts der Gratrücken, über den der Aufstieg erfolgt

Auf das Toblacher Pfannhorn 2663 m

Über die Bonner Hütte zum beliebten Gipfel

78

Die Tour im Überblick
Kandellen – Bonner Hütte – Toblacher Pfannhorn – retour
Orientierung und Schwierigkeit
Für geh- und berggewohnte Wanderer leicht und problemlos
Gehzeit
Aufstieg 3½ Std., Abstieg 2½ Std.
Karten
1:50.000: Kompass, Blatt 57 (Bruneck – Toblach); Freytag-Berndt, Blatt S 3 (Pustertal – Bruneck – Drei Zinnen); 1:25.000: Tabacco, Blatt 032 (Antholz – Gsies)

6 Std. | 11,5 km | 1083 Hm

Das Toblacher Pfannhorn – ein frei aufragender, beherrschender Berg mit steilen, großteils begrasten Hängen – erhebt sich über dem waldreichen Silvestertal, das von Toblach nordseitig zu den sonnigen Bergweilern Frondeigen und Kandellen ansteigt.

Der Berg ist für gehgewohnte Wanderer unschwierig zu besteigen, die Aussicht umfasst die Ahrntaler, Gsieser, Defereggerund Villgrater Berge, aber vor allem besticht der Blick zu den Östlichen Dolomiten.

Dies alles bewog bereits um 1880 die Alpenvereinssektion Hochpustertal, einen eigenen Pfad bis zum Gipfel anzulegen und 1897, eine Gehstunde unter dem Gipfel, die von der Sektion Bonn finanzierte und daher nach ihr benannte Schutzhütte zu errichten. Diese war in der Folge dann lange verwaist, doch seit 2007 ist sie wieder bewirtschaftet und bildet somit eine willkommene, überaus schön gelegene Rast- und Einkehrstätte am Weg zum Pfannhorn.

Blick von der Bonner Hütte zu den Sextner Dolomiten

Dieser Weg beginnt im erwähnten, von flachen Wiesen, mehreren Bauernhöfen und einem schmucken Kirchlein geprägten Bergweiler Kandellen und damit in fast 1600 Meter Höhe. Der untere Abschnitt der Route führt auf breitem Forstweg durch den Wald, und dann geht es über blühende Almhänge hinauf zur Hütte, wo wir uns eine ordentliche Rast verdient haben.

Und eine Gehstunde später stehen wir dann oben beim Gipfelkreuz auf dem Toblacher Pfannhorn, einem hinsichtlich des Aufstiegs über unschwieriges Grasgelände besonders lohnenden Pustertaler Berg.

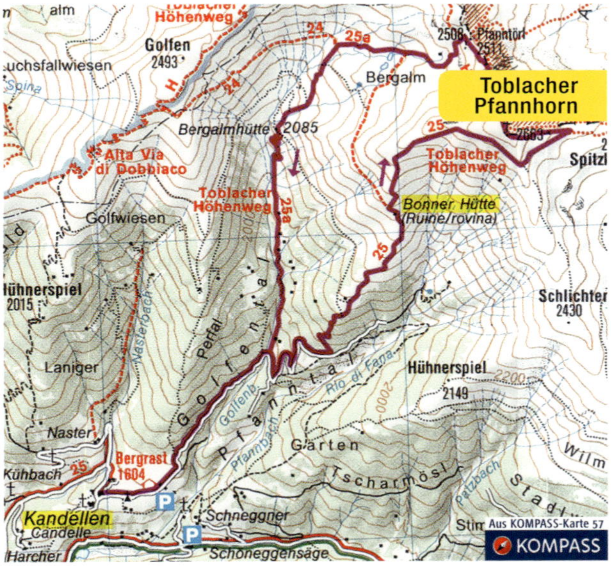

Wegverlauf: Anfahrt von Toblach durch das Silvestertal hinauf zum Weiler Kandellen (1580 m; Parkmöglichkeit). Von da zuerst auf schmaler Straße, am Hoferhof vorbei, hinan zum Wald, dann der Markierung 25 folgend auf dem Güterweg hinein ins Golfental und auf dem breiten Weg durch Wald und Grashänge hinauf zur Bonner Hütte (2307 m; Sommerbewirtschaftung; ab Kandellen knapp 2½ Std.). Von da schließlich über den begrasten Bergrücken auf Steig 25 mittelsteil hinauf zum Gipfel (2663 m, ab Bonner Hütte 1 Std.). Der Abstieg erfolgt am besten über die beschriebene Aufstiegsroute (2½ Std.); der Abstieg über die unbewirtschaftete Bergalm ist etwas länger und weniger aussichtsreich.

Der Gipfelaufbau der Oberbachernspitze (dahinter der Einsergipfel); teilweise erkennbar der Aufstiegspfad

Auf die Oberbachernspitze 2677 m

Leicht ersteigbarer Gipfel in den Sextner Dolomiten

79

Die Tour im Überblick
Fischleinboden – Talschlusshütte – Zsigmondyhütte – Büllelejochhütte – Oberbachernspitze – retour
Orientierung und Schwierigkeit
Für berg- und gehgewohnte Wanderer leicht und problemlos
Gehzeit
Aufstieg 4 Std., Abstieg 3 Std.
Karten
1:50.000: Kompass, Blatt 58 (Sextner Dolomiten); Freytag-Berndt, Blatt S 3 (Pustertal – Bruneck – Drei Zinnen); 1:25.000: Tabacco, Blatt 010 (Sextner Dolomiten)

7 Std.	16,6 km	1223 Hm

Bei den Oberbachernspitzen handelt es sich um drei Gipfel im Herzen der Sextner Dolomiten (Westliche Oberbachernspitze 2635 m, Mittlere 2675 m, Östliche 2677 m). Nordseitig brechen sie mit senkrechten Felsabstürzen zum Altensteiner Tal ab, während südseitig nur mäßig geneigte Hänge absinken und den leichten Zugang ermöglichen.

Höchster und touristisch wichtigster der drei Bergspitzen ist der leicht ersteigbare, ein Kreuz tragende Ostgipfel – »die« Oberbachernspitze schlechthin –, während die beiden anderen geringeres Interesse genießen. Benachbart ist ihnen der Einser, der 2007 aufgrund eines gewaltigen Felssturzes viel von sich reden machte.

Talort für die Besteigung der Oberbachernspitze ist das Fischleintal in Sexten. Von dort steigen wir über die Zsigmondyhütte zur Büllelejochhütte auf, und von da wandern wir über felsiges, aber problemlos begehbares, nur mäßig steiles Gelände zum Gipfelkreuz.

Rätischer Mohn (auch Gelber Alpenmohn) am Aufstieg zur Oberbachernspitze

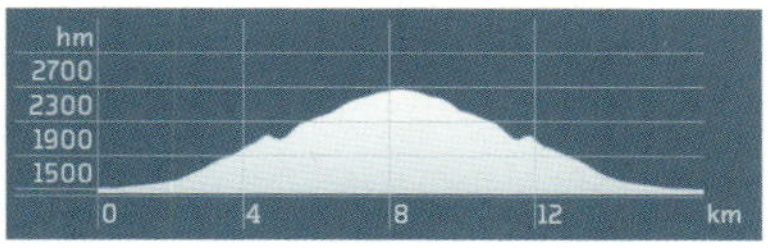

Hier stehen wir auf einer Aussichtswarte, die atemberaubende Nah- und Tiefblicke bietet, aber auch ein herrliches Rundpanorama auf die prächtigsten und höchsten Gipfel der Sextner Dolomiten, von denen hier nur Dreischusterspitze, Elfer, Zwölfer und Drei Zinnen genannt seien – alle um oder über 3000 Meter hoch.

Wegverlauf: Vom Fischleinboden (1454 m, Straße von Moos herein; Parkplätze, Gaststätten) in ½ Std. hinein zur Talschlusshütte (1540 m; Gaststätte), nun auf Weg 102/103 im Altensteintal hinauf zu Wegteilung (in diesem Bereich das Bergsturzmaterial von 2007) und links auf dem Weg 103 mittelsteil bis ziemlich steil hinauf zur bewirtschafteten Zsigmondyhütte (2224 m; ab Ausgangspunkt gut 2½ Std.); dann auf Weg 101 westwärts ansteigend zum Oberbachernjoch und zur nahen bewirtschafteten Büllelejochhütte (2528 m; ab Zsimondyhütte 1 Std.). Von da schließlich dem Wegweiser »Oberbachernspitze« folgend auf Pfadspuren über grasdurchsetztes Felsgelände mäßig bis mittelsteil hinauf gegen einen Bergrücken, auf gutem Steig rechts nahezu eben quer durch die Hänge und durch einen kurzen Kriegsstollen zu einer kleinen Bauruine und auf etwas abschüssigem Steiglein empor zum Gipfelkreuz (2677 m; ab Büllelejochhütte ¾ Std.). Der Abstieg erfolgt über die beschriebene Aufstiegsroute.

Der Gipfel der Hollbrucker Spitze im Karnischen Hauptkamm

Auf die Hollbrucker Spitze 2573 m

Markanter Felsgipfel am Karnischen Höhenweg

80

Die Tour im Überblick
Sexten / Helm – Sillianer Hütte – Hollbrucker Spitze – Helmhanghütte – Sexten
Orientierung und Schwierigkeit
Für berg- und gehgewohnte Wanderer unschwierig
Gehzeit
Aufstieg 2½, Abstieg 3 Std.
Karten
1:50.000: Kompass, Blatt 58 (Sextner Dolomiten); Freytag-Berndt, Blatt S 3 (Pustertal – Bruneck – Drei Zinnen); 1:25.000: Tabacco, Blatt 010 (Sextner Dolomiten)

5–6 Std.	16,3 km	423 Hm	1257 Hm

Die nach dem bei Sillian gelegenen Weiler Hollbruck benannte Hollbrucker Spitze erhebt sich, zusammen mit dem rundlichen, wenig touristisches Interesse genießenden Westgipfel im Karnischen Hauptkamm als ausgeprägter Felsberg.

Der von uns gewählte Zugang, nämlich der erste, westlichste Teil des bekannten Karnischen Höhenweges, beginnt an der Bergstation der Helmseilbahn, die uns mühelos von Sexten bis in eine Höhe von etwas über 2000 Metern führt.

Von dort wandern wir zunächst durch die Grashänge des Helm, auf dem die kleine, einst als Schutzhütte erbaute, aber schon lange ungenutzte Helmhütte steht und der bei unserer Tour mit einem kurzen Abstecher leicht »mitgenommen« werden kann, zur Sillianer Hütte, einem stattlichen, voll bewirtschafteten Schutzhaus.

Hier haben wir eine Höhe von fast 2450 Metern erreicht und es trennen uns nur noch knapp 130 Höhenmeter von unserem Ziel. Weiter dem Karnischen Höhenweg folgend, queren

Blick vom Weg zur Hollbrucker Spitze auf die Sextner Berge

wir die Hänge der beiden Gipfel Hochgruben und Hornischegg, die eifrige Gipfelsammler auch problemlos überschreiten können, und schließlich führt uns ein kurzer Felspfad zum Gipfelkreuz auf der etwas nach Osten vorgeschobenen Spitze.

Für den Abstieg wählen wir den Weg hinunter zur Klammbachalm, die in schöner Lage noch einmal Einkehrmöglichkeit bietet, bevor wir über die Heuhütten des »Negerdorfs« und die Helmhanghütte wieder ins Tal zurückkehren.

Wegverlauf: Von Sexten (1316 m) zuerst mit der Helmseilbahn hinauf zur Bergstation (2050 m; Gaststätte). Von dort auf Weg 4 südostwärts zur Hahnspielhütte (2150 m, Berggaststätte) und zur Sillianer Hütte (2447 m, ab Seilbahn 1½ Std.). Nun auf dem Höhenweg durch die Flanken des Hochgruben weiter zum Obermahdsattel (2470 m), hinauf zum Südwestrücken des markanten Hornischeggs (2550 m), kurz absteigend zum Klammbachsattel und links zur Kammsenke zwischen Östlicher und Westlicher Hollbrucker Spitze; hier links ab und auf dem felsigen, aber für sichere Geher unschwierigen Felspfad kurz hinüber und hinauf zum Gipfelkreuz auf dem Ostgipfel (2573 m; ab Sillianer Hütte 1 Std.). Empfohlener Abstieg: Vom Gipfel zurück bis zum Klammbachjöchl und auf Weg 133 südwestwärts hinunter zur Klammbachalm (1944 m; Ausschank, ab Gipfel). Nun auf Weg 13 großteils Waldhänge querend zum Troyenbach, auf dem Sträßchen kurz weiter zu Heuhütten (»Negerdorf«), hier links ab und auf Weg 3 A hinunter zur Helmhanghütte (1610 m, Gaststätte). Stets der Beschilderung »Seilbahn-Talstation« folgend durch Wiesen und an Höfen vorbei hinunter zur Talstraße und kurz hinaus zur Talstation der Helmbahn; ab Klammbachalm gut 1½ Std., ab Hollbrucker Spitze 3 Std.

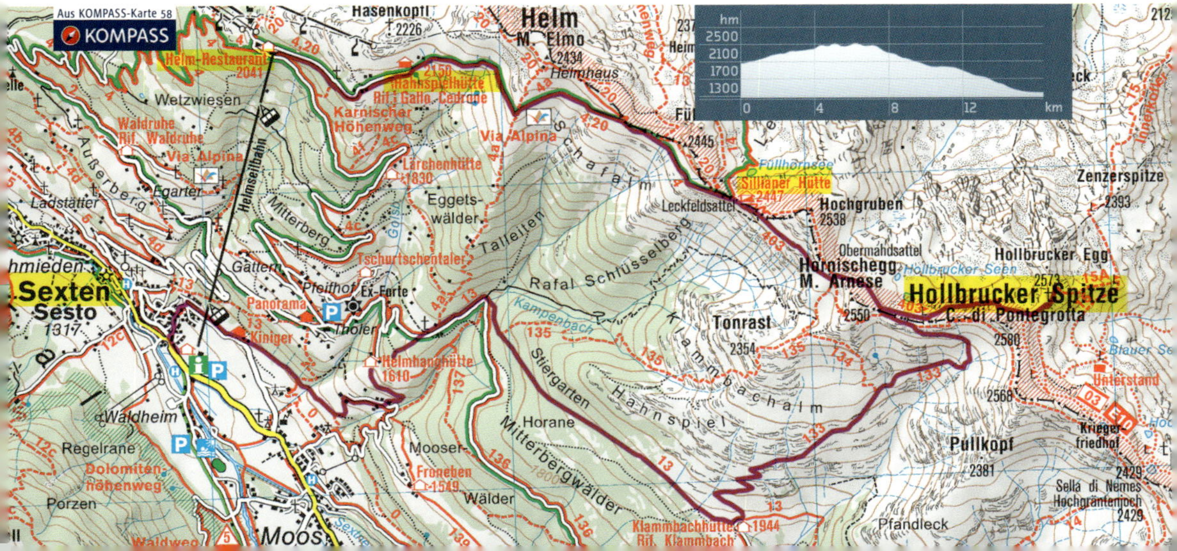

Literaturhinweis

Benütztes Schrifttum

Beikircher, Werner – **Hellweger,** Karl: Alpinführer Tauferer-Ahrntal, Bozen 1987
Cammelli, Fabio: Bergtouren im Pustertal, Bozen 1995
Cammelli, Fabio: Ötztaler und Stubaier Alpen, Trient, 1995
Dondio, Willy: Schutzhütten in Südtirol, Calliano 1988
Dumler, Helmut: Kleiner Führer durch die Sarntaler Alpen, München 1976
Fink, Hans: Wanderlandschaft Südtirol – volkskundlich erforscht, erlebt und erzählt, Bozen 1983
Höhne, Ernst: Ortler – Gipfel, Täler, Menschen, Bozen 1979
Holl, Peter: Gebietsführer Ortleralpen, Ottobrunn 1991
Hurton, Josef: Ortlergebiet/Sulden–Trafoi–Gomagoi–Stilfs–Stilfser Joch (Südtiroler Gebietsführer, Band 22), Bozen 1979
Jochberger, Wolfgang – **Pardatscher-Bestle,** Herbert: Vom Ortler zum Similaun – Vinschgauer Schutzhütten und ihre Gipfelziele, Bozen 1998
Klebelsberg, Raimund von, Südtirols Berge und Täler, Bd. VIII der Reihe »An der Etsch und im Gebirge«, Brixen 1965
Klier, Heinrich – **Klier,** Walter: Stubaier Alpen, AV-Führer, München 1988
Klier, Heinrich – **Klier,** Walter: Zillertaler Alpen, AV-Führer, München 1990
Klier, Walter: Ötztaler Alpen, AV-Führer, Ottobrunn 1995
Kübler, Peter: »Fanes – Wandern durch Geschichte und Landschaft«, Bozen 1989
Langes, Gunther: Burggrafenamt und Meran, Bd. 4 der Reihe »Südtiroler Landeskunde«, Bozen 1989
Langes, Gunther: Überetsch und Bozner Unterland, Bd. 3 der Reihe »Südtiroler Landeskunde«, Bozen 1990
Mahlknecht, Bruno: SGF 5, Rosengarten/Welschnofen–Karersee, Bozen 1975
Mayr, Christoph – **Ortner,** Peter: Südtiroler Naturführer, Bozen 1977
Menara, Hanspaul – **Hager,** Hannsjörg: Südtiroler Kurzwanderführer, Bozen 1981
Menara, Hanspaul – **Rampold,** Josef: Südtiroler Bergtouren, Bozen 1982
Menara, Hanspaul: Der Schlern – Wahrzeichen Südtirols, Bozen 1985
Menara, Hanspaul: Südtiroler Höhenwege, Bozen 1997
Menara, Hanspaul: Südtiroler Schutzhütten, Bozen 1978
Ortner, Peter – **Mayr,** Christoph: Südtiroler Naturführer, Bozen 1977
Rampold, Josef: Bozen, Bd. 7 der Reihe »Südtiroler Landeskunde«, Bozen 1985
Rampold, Josef: Eisacktal, Bd. 5 der Reihe »Südtiroler Landeskunde«; Bozen 1996
Rampold, Josef: Pustertal, Bd. 2 der Reihe »Südtiroler Landeskunde«, Bozen 1987
Rampold, Josef: Südtiroler Wanderbuch, Innsbruck 1980
Rampold, Josef: Vinschgau, Bd. 1 der Reihe »Südtiroler Landeskunde«, Bozen 1991
Räuber, Herbert: Kleiner Bergwanderführer für das Sarntal und das Penser Joch, Pforzheim 1975
Rochlitz, Karl Heinz: Wandern im Ortlergebiet, München 1991
Schlern, Der: Kulturzeitschrift für Südtiroler Landeskunde, Bozen ab 1920, versch. Jahrgänge
Schwingshackl, Anton: Führer durch die Pragser Dolomiten, Brixen o. J. (1968)
Staffler, Johann Jakob: Das deutsche Tirol und Vorarlberg, Bd. I/II, Innsbruck 1839–1847 (Reprint Bozen 1981)
Staindl, Alois: Kurze Geologie von Südtirol (Bd. XXII der Reihe »An der Etsch und im Gebirge«), 4. Aufl., Brixen 1976
Südtiroler Gebietsführer, zahlreiche Bände im Taschenbuchformat, Bozen ab 1972

Unsere Welt. Unser Bier.
Die Biere der Spezialbier-Brauerei Forst entstehen dort, wo die Natur noch ihren Lauf nimmt. So brauen wir das Bier hier ausschließlich aus erstklassigen Rohstoffen, wie dem weltbesten Hopfen oder geheimen Hefekulturen. Klares Bergwasser, saubere Luft sowie die einzigartigen und unnachahmbaren Landschaften Südtirols: das sind die Elemente, die dem Forst Bier seit jeher seinen unverfälschten Geschmack verleihen. www.forst.it
SPEZIALBIER-BRAUEREI
FORST
BIRRA-BIÈRE-BEER-BIER

Register

A
Ahrntal 144, 146, 148
Aldeiner Weißhorn 78
Amperspitze 154
Antholz 154, 156
Astfeld 66
Astjoch 112

B
Blasiuszeiger 30
Brixen 72
Burgeis 16

C
Col Bechei 132
Corvara 136, 138

D
Deutschnonsberg 44
Dorf Tirol 32
Durnholz 62, 68
Dürrenstein 164

E
Eggentaler Rotwand 80
Eidechsspitze 116
Eisacktal 74
Enneberg 134, 140

F
Fallmetzer 114
Fleckner 36
Furkelpass 152

G
Gadertal 128, 130
Gampenpass 46
Gamsegg 26
Gleckspitze 48
Glurnser Köpfl 20
Grödner Joch 90, 96
Große Cirspitze 90
Große Laugenspitze 46
Großer Ifinger 40
Großhorn 22
Gsieser Tal 160

H
Heiligkreuzkofel 134
Hochkreuzspitze 160
Hohe Kreuzspitze 104
Hollbrucker Spitze 172

I
Ilmenspitze 52

J
Jakobsspitze 68
Jaufenpass 36, 38
Jaufenspitze 38
Jochgrimm 78

K
Karspitze 70
Kassiansspitze 74
Kempspitze 118
Kleiner Kornigl 44
Kolfuschg 136
Königsangerspitze 72
Kreuzkofel 148
Kreuzspitze 128

L
Lappach 142
Latsch 24
Leiterspitze 66

M
Matatzspitze 34
Maurerberg 126
Mendel 56
Meran 40
Meransen 114
Münstertal 18
Muntejela de Senes 140
Mutspitze 32

N
Napfspitze 142
Naturnser Hochwart 42
Niederdorf 166
Nockspitze 28

O
Oberbachernspitze 170

P
Pares 130
Passeiertal 34
Peilstein 50
Peitlerkofel 98
Penser Joch 60, 100
Pfalzen 122, 124
Pfitsch 106, 108, 110
Pisciadùspitze 96
Piz da Peres 152
Piz Duleda 86
Plankenhorn 64
Plattkofel 84
Plattner Spitze 122
Plätzwiese 164
Pragser Wildsee 162
Puezkofel 88
Pustertal 120
Putzenhöhe 120

R
Rabland 30
Rammelstein 150
Ratschings 104
Rauchkofel 146
Reinswald 64
Roèn 56
Rosengarten 80
Rotbachlspitze 110
Rote Wand 156
Rudlhorn 158

S
Sambock 124
Sarlkofel 166
Sarntal 58, 62, 64, 66, 68
Sarner Weißhorn 60
Sassongher 136
Schlern 82
Schnalstal 26, 28
Schrotthorn 62
Seeblspitze 58
Seebodenspitze 14
Seekofel 162
Seiser Alm 82, 84
Setsas 138
Sexten 170, 172
St. Christina 86
Sterzing 102
St. Nikolaus 52
St. Valentin auf der Haide 14 , 22
St. Walburg 50

T
Taisten 158
Tatschspitze 100
Telfer Weißen 102
Tellakopf 18
Terenten 116, 118
Texelgruppe 30, 34
Toblacher Pfannhorn 168
Trumser Spitze 26
Tullen 92

U
Ultental 44, 48, 50, 52
Ultner Hochwart 54

V
Vahrn 70
Vermoispitze 24
Vigiljoch 42
Villanderer Berg 76
Villnöß 92, 94

W
Watles 16
Wengen 128
Wildseespitze 108
Wolfendorn 106
Wolfeskofel 144
Wolkenstein 88
Würzjoch 98, 126

Z
Zendleser Kofel 94